Bernhard Koch

Apostelfeuer

Bernhard Koch

Apostelfeuer

JESUS!GemeindeVerlag, Rinteln

JESUS!GemeindeVerlag
Braasstraße 30
D - 31737 Rinteln

Tel. 0 57 51 - 97 17 - 10
Fax 0 57 51 - 97 17 - 17
verlag@jesusgemeinde.de

ISBN 3–930764–85–7
1. Auflage, Oktober 2001

Covergestaltung: www.vision-c.de
Druck: Schönbach Druck GmbH, Erzhausen

Die Bibelzitate wurden, wenn nicht anders angegeben, der revidierten Lutherbibel 1984, Deutsche Bibelgesellschaft Stuttgart, entnommen. Einige Verse wurden der Revidierten Elberfelder Bibel (EB), R. Brockhaus Verlag Wuppertal, entnommen.

Inhalt

1

Das Geheimnis des Christus

Der Apostel Johannes schreibt über Gottes Sein: **„Im Anfang war das Wort, und das Wort war bei Gott, und das Wort war Gott.“** (Joh 1:1; EB) Wenn wir diese Aussage ernst nehmen, dann können wir ohne Zweifel bekunden, daß Gott das Wort ist! Und dieses Wort wurde Fleisch (Joh 1:14). Es wurde Fleisch, um uns sein Wesen zu offenbaren. Das Fleisch gewordene Wort ist Jesus Christus, das Lamm Gottes, welches der Welt Sünde trug.

Jesus kam, um auf der Grundlage der Aussagen von Mose und den Propheten zu leben und diese zu erfüllen. Er, das Fleisch gewordene Wort, sprach den Willen Gottes, seines Vaters, und bezeichnete, wer er ist. Jedoch waren und sind seine Worte nicht ohne den von ihm gegebenen Geist zu erfassen und zu verstehen. Der Wille Gottes ist ein Geheimnis. Doch möchte er, daß wir in sein Geheimnis hineinschauen und es erkennen, wie er selber es erkennt. Er, der Allmächtige, möchte sich uns offenbaren. Er möchte uns in die Gedanken seines Wortes führen, damit wir in den unausforschlichen Reichtum seiner Erkenntnis gelangen (Eph 3:8f).

Gottes Geheimnis ist nicht durch unseren gedanklichen Zugriff zu ergründen. Selbst König David, ein Mann nach dem Herzen Gottes, waren die Gedanken des Ewigen zu schwer. Er kannte Gott gut und wußte – nach seinem Erkenntnisstand – die Wege des Allmächtigen zu gehen. Er hatte in viele Geheimnisse Einsicht erlangt, aber auch er sprach davon, daß ihm die Gedanken Gottes zu schwer seien, um sie in ihrer unendlichen Größe zu ergründen. Ja, es war ihm noch nicht einmal möglich, Gottes Gedanken zu zählen. Deshalb sagte er voller Erstaunen: **„Wie ist ihre Summe so groß! Wollte ich sie zählen, so wären sie mehr als der Sand.**" (Ps 139:17+18)

Es gibt viel Sand auf unserer Erde. Jedes Sandkorn liegt gleichnishaft für einen Gedanken Gottes auf dem Boden. Wie viele Sandkörner mögen das wohl sein? Unzählbar viele! Nun aber ist nicht nur die Summe der Gedanken Gottes unzählbar, sondern auch jeder einzelne seiner Gedanken ist ohne seine Hilfe nicht erfaßbar. Seine Gedanken sind – wie er selbst in seiner Größe – unausforschlich (Ps 145:3)!

Es ist jedoch Gottes Anliegen, uns in jeden seiner Gedanken einzuführen und uns das Geheimnis seines Denkens zu offenbaren. Er will, daß wir ihn in seiner Breite, Länge, Höhe und Tiefe kennenlernen, um durch seine Erkenntnis mit der ganzen Gottesfülle erfüllt zu werden (Eph 3:18+19). Die Voraussetzungen dafür sind gegeben. Er sandte uns den Heiligen Geist, nachdem Jesus den Preis dafür am Kreuz bezahlt hatte. Der Heilige Geist ist es, der uns nun in alle Wahrheit leitet (Joh 16:13) und uns in alle Geheimnisse Gottes führt. Paulus schreibt:

Uns aber hat Gott es geoffenbart durch den Geist, denn der Geist erforscht alles, auch die Tiefen Gottes. Denn wer von den Menschen weiß, was im Menschen ist, als nur der Geist des Menschen, der in ihm ist? So hat auch niemand erkannt, was in Gott ist, als nur der Geist Gottes. Wir haben nicht den Geist der Welt empfangen, sondern den Geist, der aus Gott ist, damit wir die Dinge kennen, die uns von Gott geschenkt sind. Davon reden wir auch, nicht mit Worten, gelehrt durch menschliche Weisheit, sondern in Worten, gelehrt durch den Geist, indem wir Geistliches durch Geistliches deuten. Ein natürlicher (seelischer) Mensch aber nimmt nicht an, was des Geistes Gottes ist, denn es ist ihm eine Torheit, und er kann es nicht erkennen, weil es geistlich beurteilt wird. (1. Kor 2:10-14; EB)

Der Heilige Geist lehrt uns die Dinge Gottes. Er führt uns in Jesu Geheimnis und hilft uns auch auf den Wegen dieses Geheimnisses zu gehen. Er selbst geht auf diesen Wegen, denn er kennt jedes Geheimnis Christi. Und er bahnt diese Wege auch in unseren Herzen, um sich auf ihnen in unseren Herzen bewegen zu können.

Wenn die Wege Jesu Christi in unseren Herzen angelegt sind, und der Heilige Geist sich dann auf diesen bewegt, werden wir uns so wie der Heilige Geist in der physischen Welt bewegen und im Sichtbaren dem Weg Jesu nachfolgen und ihn offenbaren.

In der Übereinstimmung mit dem Vater und mit Jesus baut der Heilige Geist die Wege Gottes in unseren Herzen. Auf diesen leitet er uns in die Wahrheit und hilft uns der Wahrheit entsprechend zu leben. Auch gibt er uns auf diesen Wegen die Dinge Jesu Christi, der sie von seinem Vater bekommen hat. Wir sollen aus seiner Fülle nehmen und leben, damit wir Gottes vollkommenes Wesen offenbaren können. Jesus sprach über diesen Vorgang zu seinen Jüngern:

> **Wenn aber jener, der Geist der Wahrheit, gekommen ist, wird er euch in die ganze Wahrheit leiten; denn er wird nicht aus sich selbst reden, sondern was er hören wird, wird er reden, und das Kommende wird er euch verkündigen. Er wird mich verherrlichen, denn von dem Meinen wird er nehmen und euch verkündigen. Alles was der Vater hat, ist mein; darum sagte ich, daß er von dem Meinen nimmt und euch verkündigen wird.** (Joh 16:13-15; EB)

Alles, was der Vater hat, gehört auch Jesus. Der Vater hat es Jesus gegeben. Jesus behielt es nicht für sich. Er gab es dem Heiligen Geist, damit er es uns gebe. – Der Vater gab alles Jesus, Jesus gab es dem Heiligen Geist und der Heilige Geist gibt es uns.

Der Heilige Geist nimmt von Jesus. Er, Gott der Heilige Geist, beachtet den Fluß der Dinge Gottes. Er fließt mit diesem Fluß. In ihm ist die Furcht des Herrn, die sich genau an die göttlichen Weisungen und Ordnungen hält. Der Ewige hat Wohlgefallen an der Furcht des Herrn, denn sie glaubt dem Wort Gottes (Jes 11:2+3). Der Heilige Geist, der mit Jesus und dem Vater die ewigen Ordnungen schuf, steht zu diesen und nimmt sie sehr ernst. Wie er sollen auch wir

Jesus und den Vater fürchten, nach ihren Weisungen gehen und ihre Ordnungen einhalten, damit wir im Fluß der Offenbarungen des Geheimnisses Christi leben können.

Es gibt einen bestimmten Weg, auf dem der Heilige Geist die ewigen Wahrheiten Christi zu uns bringt. Diesen Weg müssen wir finden und gehen, damit wir seine Wahrheiten empfangen. Er gibt sein Wort nicht direkt in unsere Herzen, sondern benutzt dazu das von ihm inspirierte und von Menschen niedergeschriebene Wort, die Bibel.

Das geschriebene Wort Gottes ist ein Geheimnis. Wer es liest, versteht es nicht unbedingt. Der Leser benötigt die von Gott gegebenen Schlüssel, um Einblick in das Geheimnis Christi zu bekommen. Diese Schlüssel gibt Jesus den von ihm berufenen Dienstgaben, den Aposteln und Propheten. Durch den Heiligen Geist empfangen sie zuerst die Offenbarung der Geheimnisse seines Wortes. Und die Apostel und Propheten sind es, die dann alle anderen in dieses Geheimnis einführen. In Epheser 3:3+4 spricht Paulus über diesen Zusammenhang:

Daran könnt ihr, wenn ihr es lest, meine Einsicht in das Geheimnis Christi erkennen. Dies war in früheren Zeiten den Menschenkindern nicht kundgetan, wie es jetzt offenbart ist seinen heiligen Aposteln und Propheten durch den Geist.

Paulus sagt, daß das Geheimnis Christi zuerst den heiligen Aposteln und Propheten gezeigt wird. Diese hat Jesus dazu berufen die Geheimnisse Gottes zu offenbaren, welche die Grundlage bilden, auf der er seine Gemeinde baut. Deshalb schreibt er auch an die Epheser-Christen:

Ihr seid aufgebaut auf der Grundlage der Apostel und Propheten, wobei Christus Jesus selbst Eckstein ist. In ihm zusammengefügt, wächst der ganze Bau zu einem heiligen Tempel im Herrn, und in ihm werdet auch ihr mitaufgebaut zu einer Behausung Gottes im Geist. (Eph 2:20-22; EB)

Die Apostel und Propheten haben die Aufgabe, die ihnen offenbarten Geheimnisse der ganzen Gemeinde Jesu mitzuteilen. Sie tun dies, indem sie über ihre Einsichten schreiben, predigen und lehren. Wer ihre Schriften liest und ihren Reden zuhört, wird durch die Salbung des Heiligen Geistes in diese Geheimnisse hineingeführt.

Der Heilige Geist offenbart der Gemeinde Jesu nicht direkt die Geheimnisse Christi. Er zeigt sie zuerst den Aposteln und Propheten. Ihnen gibt er als ersten die Einsicht in seine Gedanken und zeigt ihnen seine Wege. Dann jedoch hilft er der ganzen Gemeinde Christi, indem er sie durch die Apostel und Propheten in seine Geheimnisse führt, damit auch sie die Breite und die Länge, die Höhe und die Tiefe Gottes erkennt, um mit der ganzen Fülle Gottes erfüllt zu werden (Eph 3:18+19).

In einer anderen Schrift weist Paulus mit Worten des Lobpreises auf den selben Sachverhalt hin:

Dem aber, der euch zu stärken vermag nach meinem Evangelium und der Predigt von Jesus Christus, nach der Offenbarung des Geheimnisses, das ewige Zeiten hindurch verschwiegen war, jetzt aber offenbart und durch prophetische Schriften nach Befehl des ewigen Gottes zum Glaubensgehorsam an alle Nationen bekannt gemacht worden ist, dem allein weisen Gott durch Jesus Christus, ihm sei die Herrlichkeit in Ewigkeit! Amen. (Röm 16:25-27; EB)

In diesem Brief an die Christen zu Rom zeigt uns Paulus zusätzlich, daß die Offenbarungen Gottes nicht nur für die Apostel und Propheten und durch diese für die Gemeinde Jesu bestimmt sind, sondern auch den Nationen gelten, und daß die Nationen durch die Gemeinde zum Gehorsam des Glaubens geführt werden sollen.

An die Kolosser-Christen schreibt Paulus in bezug zu der Gemeinde und dem Reichtum des Geheimnisses Christi:

Ihr Diener bin ich geworden nach der Verwaltung Gottes, die mir im Blick auf euch gegeben ist, um das Wort Gottes zu vollenden (auf ein Vollmaß zu bringen), das Geheimnis, das von den Weltzeiten und von den Geschlechtern her verborgen war, jetzt aber seinen Heiligen geoffenbart worden ist. Ihnen wollte Gott zu erkennen geben, was der Reichtum der Herrlichkeit dieses Geheimnisses unter den Nationen sei, und das ist: Christus in euch, die Hoffnung der Herrlichkeit. (Kol 1:25-27; EB)

So wie der Gemeinde, so soll auch den Nationen das Geheimnis des Christus offenbart werden. Dazu hat Jesus seine Gemeinde berufen. Sie soll den Nationen für dieses Geheimnis die Augen öffnen. Die Nationen sollen erkennen, daß der Reichtum der Herrlichkeit des Geheimnisses Christi *Christus in uns* ist!

Die Nationen sollen durch die Gemeinde Christus erkennen. Ganze Nationen sind berufen, Jünger Jesu zu werden (Mt 28:19; EB). Dies soll durch den Dienst der Gemeinde geschehen. Die Gemeinde ist es, die an die Nationen die ihr geschenkten Offenbarungen des Geheimnisses Christi weitergibt. Denn alle Nationen sollen die Herrlichkeit Christi sehen und erleben können.

In Christus liegen verborgen alle Schätze der Weisheit und der Erkenntnis (Kol 2:2+3). Weil Christus in uns ist, die wir an den Namen Jesu glauben, sind diese Schätze in uns verborgen. Die geheimen Schätze in Christus in uns sollen aber nicht in uns verborgen bleiben. Sie stehen uns und den Nationen zur Verfügung. Weil sie aber uns und den Nationen zur Verfügung stehen, müssen sie „gehoben" und sichtbar gemacht werden. Wie dies nun zu tun ist, sagen uns die von Jesus gesandten Dienstgaben, die Apostel und Propheten. Ihnen gab er zuerst Einsicht in seine Schatzkammer. Ihre Erkenntnis und Weisheit zeigt uns, wie wir an die Herrlichkeiten in Christus gelangen können.

Die Apostel und Propheten helfen uns, die Weisheit und die Erkenntnis Christi zu verstehen und durch diese zu leben. Sie helfen uns, die Schätze Christi zu erkennen und zu heben, denn nur wer diese gesehen hat, dem sind sie auch offenbar geworden. Nur wem sie offenbar geworden sind, kann sie bergen.

Gottes Wort sagt, daß die Geheimnisse Christi dem gehören, wem sie offenbar geworden sind. Gott hat seine geheimen Dinge denen gegeben, die sie erkennen. Die einzige Bedingung, um das Verborgene in Besitz nehmen zu können, ist tatsächlich nur, sie zu finden. Jesus sagt: **„Wer sucht, der findet."** (Mt 7:8), und fordert uns deshalb auf: **„...sucht, so werdet ihr finden."** (Mt 7:7) Wir werden Gottes geheime Dinge finden, wenn wir sie suchen. Und wenn wir sie gefunden haben, dann gehören sie uns. Hier nun die zu diesen Aussagen gehörende Bibelstelle:

> **Die geheimen Dinge gehören dem Herrn, unserem Gott, aber die Dinge, die offenbart wurden, gehören für immer uns und unseren Kindern, damit wir nach allen Worten des Gesetzes handeln können.** (5. Mo 29:29; AB)

Den Himmel mit der Erde verbinden

Nach den Worten des Paulus, ist das Wort Gottes ein Geheimnis, in das die Apostel und Propheten als erste Einsicht bekommen. Er schreibt, daß die Apostel und Propheten von Gott berufen und eingesetzt worden sind, das Geheimnis Christi für die ganze Gemeinde Jesu zu offenbaren. Und weiter teilt er in seinen Briefen mit, daß in diesem Prozeß der Offenbarwerdung des Geheimnisses des Christus dann durch die Gemeinde den Nationen, den Mächten und Gewalten – den Engeln – die hervorkommende Herrlichkeit der Erkenntnis Christi sichtbar gemacht werden würde. Hier nun sein eigener Wortlaut:

> **Mir, dem allergeringsten von allen Heiligen, ist diese Gnade gegeben worden, den Nationen den unausforschlichen Reichtum des Christus zu verkündigen und ans Licht zu bringen (und alle zu erleuchten), was der Plan des Geheimnisses sei, das von den Zeitaltern (von Ewigkeit) her in Gott, der alle Dinge geschaffen hat, verborgen war; damit jetzt den Gewalten und Mächten in der Himmelswelt durch die Gemeinde die mannigfaltige Weisheit Gottes zu erkennen gegeben werde.** (Eph 3:8-10; EB)

Die Nationen und die Mächte und Gewalten in der Himmelswelt, sollen durch die Gemeinde die mannigfaltige Weisheit Gottes erkennen. Nicht nur der Gemeinde sollen die geheimen Dinge Gottes offenbar werden, sondern auch allen Nationen auf der Erde und den nicht gefallenen Engelmächten und -gewalten in der Himmelswelt.

Wenn die Gemeinde durch die Apostei und Propheten befähigt worden ist, die Geheimnisse Christi zu erkennen und in diese einzudringen, dann wird nach dem Willen Gottes der Himmel mit der Erde verbunden werden. Die Gemeinde wird verstehen, das, was sie erkannt hat, zu ergreifen und auf die Erde herab zu holen. Sie wird die himmlischen Dinge durch Glauben nehmen und auf die Erde transportieren.

In dem Maß wie die Gemeinde im Glauben gewachsen ist, wird sie die himmlischen Dinge auf die Erde bringen können. Glaube wächst durch die Erkenntnis Christi. Je mehr wir Jesus erkennen, um so mehr werden wir die geheimen Dinge Gottes sehen. Und je tiefer wir in die verborgenen Herrlichkeiten Gottes geschaut haben, um so größer ist unser Glaube.

Der Glaubende wird mit den Hilfsdiensten der Engel den Himmel auf die Erde bringen. Und wenn der „Himmel auf Erden" durch die Gemeinde der Gläubigen sichtbar wird, werden alle Nationen die Herrlichkeit Christi erkennen.

Es ist Gottes Anliegen, daß durch die Gemeinde der Himmel auf die Erde gelangt, weil er will, daß in Christus alles zusammengefaßt wird, was im Himmel und auf Erden ist (Eph 1:10).

Alles hat seinen Preis. So auch der Himmel auf Erden. Diesen Preis bezahlte Jesus mit seinem Blut. Weil er mit seinem Blut bezahlte, kann nun durch Glauben die Erde mit dem Himmel verbunden werden. Die himmlischen Dinge gehören nun uns. – Der Preis ist bezahlt!

Jesus gab sein göttliches und sündloses Blut für dich und mich. Sein Blut erlöste uns von der Gebundenheit an den Teufel und an die Sünde, welche uns den Tod gebracht hat. Und mit seinem Blut löste er auch das Problem, welches uns den Himmel verschloß und dessen Segnungen zurückhielt. Paulus schrieb folgendes über die Verbindung von Himmel und Erde:

In ihm haben wir die Erlösung durch sein Blut, die Vergebung der Vergehungen, nach dem Reichtum seiner Gnade, die er uns reichlich gegeben hat in aller Weisheit und Einsicht. Er hat uns ja das Geheimnis seines Willens zu erkennen gegeben nach seinem Wohlgefallen, das er sich vorgenommen hat in ihm für die Verwaltung bei der Erfüllung der Zeiten: alles zusammenzufassen in dem Christus, das, was in den Himmeln, und das, was auf der Erde ist – in ihm.
(Eph 1:7-10; EB)

Komme in Kraft und schmecke die Erkenntnis Christi

Durch den Dienst der Apostel und Propheten bekommen wir Einsicht in das Geheimnis des Willen Gottes. Sie führen uns in die Höhe, Tiefe, Länge und Breite des Geheimnisses Christi, damit wir bezüglich des Ratschlusses Gottes nicht länger unwissend bleiben. Je weiter uns die Augen für den Gott der Herrlichkeit geöffnet sind, um so stärker werden wir seine Kraft erleben. Jesus will, daß wir ihn sehen und schmecken. Deshalb ist er heute dabei, die Dienstgaben der Apostel und Propheten, aber auch die der Evangelisten, Hirten und Lehrer wiederherzustellen.

Wenn die Apostel und Propheten das Wort Gottes predigen, wird das Geheimnis Christi offenbar gemacht. Alle, die zuhören und deren Dienst empfangen, lernen von ihnen und werden gesalbt, einschließlich der anderen drei Dienstgaben – der Evangelisten, Hirten und Lehrer.

Die Evangelisten, Hirten und Lehrer benötigen die Apostel und Propheten genauso wie alle anderen Heiligen, um als Dienstgabe Christi funktionieren zu können. Es sind die Apostel und Propheten, die das Geheimnis des Wortes Gottes und somit den Willen Gottes offenbaren.

Wenn wir durch den Dienst der Apostel, Propheten, Evangelisten, Hirten, Lehrer und der Hilfe des Heiligen Geistes in Jesu Geheimnis einsichtig geworden sind, dann haben wir Einblicke in das Reich Gottes erlangt. Sein unendlicher Reichtum wurde für uns sichtbar, so daß wir erkennen, was uns von ihm geschenkt worden ist. Die Einsicht in diesen Reichtum bewirkt Glauben, so daß wir im Glauben nehmen können, was uns gehört. Und all das, was wir uns aus dem Himmel nehmen, wird durch den Dienst der Engel zu uns auf die Erde gebracht, so daß nicht nur uns, sondern auch den Nationen Gottes Güte offenbar wird.

In Zukunft werden uns durch die von Jesus wiederhergestellten Dienstgaben der Apostel und Propheten Offenbarungen gegeben werden, von denen wir bisher keine Ahnung hatten. Meine nicht, du hättest schon alles erkannt und jedes Geheimnis erfaßt. Da gibt es viel, viel, viel mehr zu entdecken. Jedes dir bisher offenbarte Geheimnis Christi hat dich in die dafür entsprechende Kraft gebracht. Es gibt jedoch mehr Kräfte Gottes (1. Kor 12:6). Such sie, damit du sie findest! Wir gehen von Herrlichkeit zu Herrlichkeit (2. Kor 3:18) – und deshalb von Kraft zu Kraft und von Sieg zu Sieg.

Jesus ist der Sieger! Er ist der Sieger über alle Mächte und Gewalten des Bösen. Wenn du mit ihm in seiner Bundesbeziehung mit dem Vater stehst, dann ist er der Sieger in dir. Wenn Jesus der Sieger in dir ist, dann bist auch du in ihm Sieger über alle bösen Mächte und Gewalten.

Allerdings ist Jesus nicht nur der Sieger. Er ist auch der Mitschöpfer des Universums und der Herr über Himmel und Erde!

Wenn Jesus in dir ist, dann ist der ewige Sohn Gottes, der Herr über Himmel und Erde in dir. Er ist aber nicht nur in dir, sondern auch im Vater. Jesus sagt: **„Ich in ihnen und du in mir…"** (Joh 17:23) Deshalb können wir sagen: Jesus und der Vater sind in uns und wir in ihnen! Kannst du erfassen, wer in dir ist? In dir ist der Allmächtige, der einzig wahre Gott – die göttliche Dreieinigkeit: Vater, Sohn und Heiliger Geist. In dir ist Gott, der durch die Kraft seines Wortes Himmel und Erde geschaffen hat. – Gott ist in Christus in dir! (Kol 1:27)

Ich weiß nicht, wie groß das Universum ist und wieviele Sterne und Planeten es gibt. Ich weiß auch nicht, wieviel Energie allein in unserer Sonne enthalten ist. Doch eins weiß ich: Gott hat durch sein Wort das Universum, die Sterne und die Planeten geschaffen. Auch die Sonne mit ihrer Energie hat er ins Dasein gesprochen. Die Substanz der Sonne und alles, was er schuf, entstand durch Gottes Hauch – es kam aus Gott. Er bildete durch sein Wort Himmel und Erde.

Wenn wir nur die Sonne in ihrer strotzenden und ständig explodierenden Kraft betrachten, dann werden wir Gott vor Staunen bewundern und sagen: „Du bist so groß, deine Stärke ist so mächtig! Du bist nicht zu erforschen, deine Kraft ist unauslotbar!" Und wenn wir noch zusätzlich erfahren, daß er seine Kraft nicht verlor, als er Himmel und Erde schuf, sondern noch immer dieselbe Kraft hat, dann wird uns diese Erkenntnis zu wunderbar werden. Wer kann diese Gedanken erfassen? Wer kann erfassen, wieviel Kraft in Gott ist?

Gott hat Himmel und Erde durch sein Wort – seinen Sohn Jesus Christus – ins Dasein gesprochen. Jesus und der Vater sind eins, der Vater ist in Jesus und Jesus ist im Vater (Joh 14:10). Die Kraft, die im Vater ist, ist deshalb auch in Jesus, dem Christus. Und wenn du an den Namen Jesu glaubst, dann ist Gott in Christus in dir. Denke an das, was Jesus sagt: „Ich in ihnen, Vater, und du in mir." (Joh 17:23) Das heißt: Derselbe Gott, in dem alle Kraft wohnt, ist in Christus in dir. – In dir ist die ganze Fülle der Kraft Gottes!

Wieviel von dieser großen Kraft Gottes, die in Christus in dir ist, hast du bereits gesehen, genommen und geschmeckt? Ich denke: sehr, sehr, sehr wenig. Deshalb laß dich ermuntern und dir sagen: „Erwarte mehr von Gott – von Christus in dir. Sei und bleibe hungrig nach der Erkenntnis seines Geheimnisses. Giere nach mehr von Christus in dir!" Denn je mehr du Offenbarung über das Geheimnis des Christus in dir erhältst, desto mehr Kraft wird für dich freigesetzt und durch dich – aus Christus in dir – zu anderen fließen.

Trachte nach dem Reich Gottes

Paulus heilte die Kranken, trieb Dämonen aus und weckte Tote auf. Aber er, dieser große Apostel, sagte: „Ich habe Gott noch nicht so ergriffen, wie ich ihn ergreifen sollte."

(Phil 3:12-14) Und erklärt uns damit: „Es gibt mehr!" Wenn Paulus von sich sagen konnte, daß er erst ein wenig von Gott ergriffen hat, wieviel haben wir dann von Christus in uns erfaßt? Du und ich, wir haben erst ein ganz kleines bißchen von Gott in Anspruch genommen. Deshalb laß uns nach mehr von Jesus trachten, damit wir mehr von ihm erkennen und ihn der Welt zeigen können. – Gottes ganze Kraft ist in Christus in uns!

> Jesus sagt: **Trachtet aber zuerst nach dem Reich Gottes und nach seiner Gerechtigkeit! Und dies alles wird euch hinzugefügt werden.** (Mt 6:33; EB)

Was will uns Jesus wohl durch diese Aufforderung sagen? Welche Assoziationen bekommst du, wenn du an das Wort „Reich" Gottes denkst? Denkst du dann an Armut? Nein! Du stellst dir alle möglichen Dinge vor, die mit Gottes Königtum und Reichtum zu tun haben.

Wenn du über Jesu Weisung nachdenkst, nach dem Reich Gottes zu trachten, dann beginnst du zu begreifen, daß Gott nicht will, daß du arm, nackt, blind und bloß bist. Du wirst auch erkennen, daß er will, daß du in allen Dingen reich bist. Es ist sein ausdrücklicher Wille, daß du nach seinem Reich(-tum) trachten sollst, den er dir bereits in Christus geschenkt hat. Durch diesen Reichtum sollst du über die Maßen reich werden. Er will, daß du reich an seiner Kraft, reich an seiner Macht, reich an seiner Weisheit und Klugheit, reich an Erkenntnis seines Wesens und – durch diese geistlichen Güter – auch reich an materiellen Gütern wirst.

Wenn wir in Hebräer 11 von den dort aufgeführten Glaubensvätern und ihren Taten lesen, werden wir erkennen, daß die meisten von ihnen nicht arm waren. Viele gelangten durch Glaubenswerke zu Reichtum. Wie jene nach den Dingen Gottes trachteten, so sollen nun auch wir nach dem Reichtum Gottes – nach dem Reich Jesu Christi – trachten! Gott will, daß es uns in allen Dingen gut geht, denn wir sollen durch seinen Reichtum reich werden! Und weil Gott will, daß wir in allen Dingen reich werden sollen, könnte die oben benannte Schriftstelle aus Matthäus 6:33 auch wie folgt wiedergegeben werden:

> **Trachtet zuerst nach Gott und seinem Reichtum und nach seiner Gerechtigkeit, dann wird euch alles andere zuteil werden!** (Mt 6:33; frei übersetzt)

Was ist das andere, wovon Jesus sprach, das uns zuteil werden soll? Es ist das, wonach die Heiden zuerst trachten (Mt 6:32)! – Wonach trachten die Heiden zuerst? Sie trachten zuerst nach Geld und Ehre. Danach sollen wir nicht zuerst trachten, sondern zuerst nach Jesus und seinem Reichtum. Jesu Reichtum aber ist Weisheit und Erkenntnis.

Wenn wir zuerst nach dem Reichtum Jesu trachten, dann trachten wir nach der Offenbarung seiner Weisheit und Erkenntnis. Wir trachten zuerst danach, weil wir wollen, daß Christus durch unser Leben sichtbar und wirksam wird. Paulus schreibt deshalb an die Kolosser: **„Wenn Christus, unser Leben, offenbar werden wird, dann werden auch wir mit ihm sichtbar in seiner Herrlichkeit."** (Kol 3:4; frei übersetzt)

Wenn die Weisheit Christi sich durch unser Leben zeigt, werden wir durch diese unter anderem verstehen, die Reichtümer der Welt, nach denen die Heiden trachten, zu uns zu holen. Die Weisheit wird dafür sorgen, daß die Reichtümer dieser Erde sich Christus und somit auch uns zuwenden werden.

In Christus ist der ganze Reichtum Gottes – somit ist dieser in uns! Wenn wir nach dem Reichtum in Christus trachten und gleichzeitig nach Jesu Gerechtigkeit, dann werden uns Geld, langes Leben auf Erden und Ehre einfach zufallen. Denn in Christus Jesus ist die Weisheit, die wir benötigen, um an die Reichtümer dieser Welt, an langes Leben und Ehre zu gelangen.

Als König Salomo von Gott gefragt wurde, was er sich von ihm wünsche, erbat er sich Weisheit. Salomo fragte nach der Weisheit, die in Christus Jesus verborgen ist. Paulus bestätigt dies, denn er schreibt an die Kolosser, daß in Christus *alle* Schätze der Weisheit und Erkenntnis verborgen sind (Kol 2:3).

Salomo trachtete zuerst nach dem Reichtum Christi und bekam die Weisheit. Gott freute sich so sehr über seinen Wunsch, daß er ihm die Schätze dieser Erde einfach mit dazu gab. Er sah, daß Salomo zuerst nach ihm und seinem Reichtum trachtete. Und genau dies war der Grund, weshalb er ihm und seinem Königtum sogar die Reichtümer anderer Nationen und Völker zufallen ließ (2. Chr 1:7-12).

Die Weisheit, die Salomo sich von Gott erbat, arbeitete für ihn und machte ihn zu einem sehr, sehr reichen König, gab ihm langes Leben und brachte ihm viel Ehre ein. Gott möchte dich genauso wie Salomo beschenken. Deshalb beherzige die Aufforderung Jesu: „Trachte zuerst nach dem Reichtum Gottes – nach der Weisheit und nach der Erkenntnis Christi – und nach seiner Gerechtigkeit, damit dir alles andere zuteil werden kann, nach dem die Heiden trachten!" Und wenn du nach Gottes Reich trachtest, dann vergiß nicht, auch nach Gottes Gerechtigkeit zu trachten, denn diese hilft dir mit deinem Leben und den von Gott gegebenen Dingen richtig umzugehen.

2

Gesandt zu den Nationen

Ein Apostel zu sein, bedeutet, ein Gesandter zu sein. Jesus sandte und sendet auch heute noch seine Apostel zu den Völkern und Nationen, um ihnen das Geheimnis des Willen Gottes zu verkündigen. Apostel offenbaren der Gemeinde und mit der Gemeinde den Nationen, was Jesus ihnen zuvor gesagt hat.

Noch bevor Jesus in den Himmel auffuhr, gab er seinen Jüngern den Auftrag, das Geheimnis seines Willens zu verkündigen und sprach:

> **Geht hin in alle Welt und predigt das Evangelium aller Schöpfung.** (Mk 16:15; frei übersetzt)

> **Gehet hin und macht zu Jüngern alle Nationen.**
> (Mt 28:19; EB)

In Markus 16:15 gibt Jesus seinen Aposteln den Auftrag, in alle Welt zu gehen und das Evangelium zu verkündigen. In Matthäus 28:19 heißt es, daß sie hingehen sollen, um *alle Nationen* zu Jüngern zu machen.

Es ist Gottes Wille, daß aller Welt das Evangelium gepredigt und das Geheimnis des Willens Gottes bekannt gemacht wird. Jesus sagt aber auch, daß die Nationen in Jüngerschaft genommen werden sollen, damit sie als Nationen ihm und somit seinem Wort folgen können. Die Nationen zu Jüngern zu machen meint: *Nationen* zu Jüngern zu machen! Und nicht: Menschen aus den Nationen zu Jüngern zu machen.

Alle Nationen sollen durch die Predigt des Evangeliums das Geheimnis des Christus erkennen und in die Nachfolge Jesu geführt werden. Der Auftrag, dies zu tun, wurde zuerst den Aposteln zuteil. Sie waren und sind der Stoßtrupp Gottes für dieses Unternehmen. Sie sorgen, damals wie heute, für einen geistlichen Durchbruch. Dies tun sie in den Ländern, in die sie gesandt werden. So wie in der Vergangenheit, gründen sie auch heute in den Dörfern, Städten, Regionen und Ländern Gemeinden Jesu und verbinden diese als Netzwerk.

Unter der Anleitung der Apostel, denen Jesus gebot, daß sie alles lehren und bewahren sollen, was er ihnen gesagt hat (Mt 28:20), brachte er auch die anderen Dienstgaben hervor, die bei der Bewältigung dieses Auftrages mithelfen sollen. Jesu Auftrag an seine ersten Apostel gilt den heutigen Aposteln in gleicher Weise, denn die zuerst Berufenen sollten, wie schon erwähnt, alle seine Lehren und Gebote an die nachfolgenden Generationen weitergeben (Mt 28:20).

Der fünffältige Dienst

So wie der Dienst der Apostel in der Vergangenheit die von Jesus gegebenen Propheten, Evangelisten, Hirten und Lehrer hervorbrachte, soll auch heute der Dienst der Apostel diese Dienstgaben hervorbringen. Die Dienstgaben gibt Jesus, doch die Apostel helfen, sie für ihren Dienst tüchtig zu machen. In Epheser 4:11 werden uns die von Jesus gegebenen Dienstgaben, einschließlich der Apostel, benannt und aufgeführt:

Und er hat die einen als Apostel gegeben und andere als Propheten, andere als Evangelisten, andere als Hirten und Lehrer, zur Ausrüstung der Heiligen für das Werk des Dienstes... (Eph 4:11; EB)

Jesus sendet seine Dienstgaben, damit durch sie die Heiligen zum Werk des Dienstes ausgerüstet werden. Jeder, der an den Namen Jesus gläubig geworden ist, ist ein Heiliger. Die Heiligen versammeln sich in ihrem Gebiet und bilden dort eine Gemeinde. In dieser werden sie durch die Apostel, Propheten, Evangelisten, Hirten und Lehrer zum Werk des Dienstes für das Reich Gottes ausgebildet. Alle fünf Dienstgaben werden in ihrem Zusammenwirken in der Gemeinde als fünffältiger Dienst bezeichnet.

Der fünffältige Dienst – die Apostel, Propheten, Evangelisten, Hirten und Lehrer – führt die Heiligen der Gemeinde in die ganze Fülle der Erkenntnis des Sohnes Gottes. Er sorgt auch dafür, daß alle Christen zur Einheit des Glaubens gelangen und nicht unmündig sein müssen (Eph 4:11-16).

Die Apostel sind von Jesus gegeben worden, damit sie die ganze Gemeinde – jeden einzelnen – apostolisch machen. Die Propheten wurden von ihm gesandt, damit durch sie die ganze Gemeinde prophetisch wird. Er sandte die Evangelisten, um die Gemeinde evangelistisch zu machen. Und er sandte die Hirten, damit jeder einzelne in ihr hirtisch wird, und er sandte die Lehrer, um alle in der Gemeinde zu befähigen, lehren zu können.

So wie z. B. ein Bäckermeister Bäcker ausbildet, ein Tischlermeister Tischler, ein Schlossermeister Schlosser und ein Schlachtermeister Schlachter, so bildet ein von Jesus gesandter Apostel die Gemeinde für den apostolischen Dienst aus. Ein Prophet führt jeden in der Gemeinde in das Prophetische. Ein Evangelist macht die Gläubigen evangelistisch, ein Hirte bildet die Heiligen für den Hirtendienst aus, und ein Lehrer lehrt die Jesus Angehörenden, damit sie lehren können. Die Apostel, die Propheten, die Evangelisten, die Hirten und die Lehrer könnte man deshalb mit Handwerksmeistern vergleichen. – Meister bilden Gesellen aus, die dann durch ihre Ausbildung dem selben Handwerk nachgehen wie ihr Meister. Dabei ist Jesus der wahre Meister, der die Fülle seines göttlichen Wesens auf fünf sich ergänzende Funktionen und die entsprechenden Ausbilder verteilt hat.

Die Apostel führen die einzelnen Gemeindemitglieder in das Apostolische, damit sie apostolisch für Jesus wirksam sein können. Propheten machen die Gemeinde prophetisch, weil jeder einzelne in ihr prophetisch reden soll. Evangelisten wirken in der Gemeinde, damit sie zum Evangelisieren befähigt wird. Ein Hirte sorgt dafür, daß einer den anderen in liebevoller Weise vor dem Bösen bewahren kann und die Gemeindemitglieder sich gegenseitig mit dem Wort Gottes versorgen können. Ein Lehrer lehrt der Gemeinde die Dinge Gottes und vermittelt jedem einzelnen die Befähigung zu lehren.

Jeder in der Gemeinde soll durch den fünffältigen Dienst mit den Fertigkeiten ausgerüstet werden, in denen sich die fünf Dienstgaben bewegen. Das heißt jedoch nicht, daß nun alle in der Gemeinde in der Dienstgabe des Apostels, Propheten, Evangelisten, Hirten und Lehrers tätig werden. Wenn du nicht von Jesus als Dienstgabe gegeben worden bist, dann wirst du auch nicht als solche in Funktion gelangen, selbst wenn du die Fertigkeiten eines Apostels, Propheten, Evangelisten, Hirten oder Lehrers besitzt! – Ein Meister ist ein Ausbilder, und ein Lehrling, der vom Meister ausgebildet wird, der wird ein Geselle. Der Geselle ist durch seine Ausbildung aber noch kein Meister und muß es auch nicht werden.

Jesus ist es, der die Dienstgaben in seine Gemeinde gibt. Dies ist der Grund, warum man nicht einfach auf dem Weg der Ausbildung Apostel, Prophet, Evangelist, Hirte oder Lehrer werden kann.

Der Dienst der Heiligen

Jesus hat nicht nur die Dienstgabe des Apostels oder Evangelisten gesandt, um das Evangelium aller Kreatur zu predigen und alle Nationen zu Jüngern zu machen, sondern er hat jeden einzelnen in der Gemeinde beauftragt, dies zu tun. Wir alle sind gesandt, selbst wenn wir keine Apostel sind.

Wer von Jesus zum Dienst ausgesandt wird, benötigt eine Ausrüstung. Diese Ausrüstung geben die Dienstgaben des fünffältigen Dienstes. Als Gesandte brauchen wir eine apostolische Ausrüstung, auch wenn wir keine Apostel sind. Und wir benötigen zusätzlich zu der apostolischen Ausrüstung auch eine prophetische, eine evangelistische, eine hirtische und eine lehrerische. Ausgestattet durch diese Gaben des fünffältigen Dienstes wird jeder Heilige – zur vollsten Zufriedenheit Jesu – sein Werk tun können und mit dazu beitragen, daß die Nationen zu Jüngern Jesu werden.

Wir sollen zu allen Völkern gehen, um ihnen das Evangelium zu verkünden, und zu allen Nationen, um sie zu Jüngern Jesu zu machenrn Jesu zu machen. Dazu benötungen der fünf Dienstgaben, die von Paulus in Epheser 4:11 benannt wurden.

Schon vor Jahrhunderten wurden Nationen zu Jüngern Jesu gemacht. In der Geschichte finden wir etliche Beispiele dafür, daß dies so war. Nur eine geschichtliche Tatsache will ich hier erwähnen: Um ungefähr 500 n. Chr. herrschte König Klodwig über einen Germanenstamm. Er war der erste seines Volkes, der zum Glauben an Jesus Christus fand und sich taufen ließ. Aufgrund seines Exempels öffnete sich nun auch sein ganzes Königreich für diesen Glauben und ließ sich, wie er, taufen. Der Weg zu dieser Nation war gebahnt, so daß Lehrer der Heiligen Schrift zu ihr gesandt werden konnten. Diese waren es, die das Germanenvolk lehrten und zu Jüngern Jesu machten. Wie tief die Germanen nun in die Geheimnisse Christi geführt werden konnten, und wie das Leben dieses Volkes in bezug zur Schrift aussah, ist allerdings ein anderes Thema.

Viele Nationen wurden in der Vergangenheit zu Jüngern Jesu gemacht. Noch heute können wir Auswirkungen davon erkennen. Der Heilige Geist will noch immer dasselbe tun. Er will den Missionsauftrag Jesu durch uns zur Erfüllung bringen, indem er mit uns die Nationen zu Jesus führt und sie zu seinen Jüngern macht. Die Könige und Herrscher der Erde sollen Jesus als Herrn erkennen und ihn als Herrn bekennen, damit auch ihr ganzes Volk mit ihnen zusammen zu einem Jünger Jesu wird und ihn lobt, preist und anbetet.

3

Wen soll ich senden?

Wir, die wir an den Namen Jesus glauben und seinem Missionsauftrag gehorsam sein wollen, benötigen für diesen Missionsdienst eine von ihm gegebene Bevollmächtigung. Diese bekommen wir, wenn wir uns durch Gottes heiligendes Feuer läutern lassen.

Um Gottes Bote sein zu können, mußte auch der Prophet Jesaja sich mit dem Feuer vom Altar reinigen und heiligen lassen. Wie dies geschah und was er dabei erlebte, teilt er uns wie folgt mit:

Im Todesjahr des Königs Usija, da sah ich den Herrn sitzen auf hohem und erhabenem Thron, und die Säume (seines Gewandes) füllten den Tempel. Seraphim standen über ihm. Jeder von ihnen hatte sechs Flügel: mit zweien bedeckte er sein Gesicht, mit zweien deckte er seine Füße, und mit zweien flog er. Und einer rief dem anderen zu und sprach: Heilig, heilig, heilig ist der HERR der Heerscharen! Die ganze Erde ist erfüllt mit seiner Herrlichkeit! Da erbebten die Türpfosten in den Schwellen von der Stimme des Rufenden, und das Haus wurde mit Rauch erfüllt. (Jes 6:1-4; EB)

Hoch erhoben sah Jesaja den allmächtigen Gott auf einem erhabenen Thron sitzen. Und er sah, wie Engel, die er als Seraphim bezeichnete, über ihm standen und ihm in Ehrerbietung die gebührende Anbetung entgegenbrachten. Er hörte wie die Seraphim riefen: „Heilig, heilig, heilig ist der Herr der Heerscharen..."

Lautstarke Anbetung

Wie mag die Anbetung der Seraphim wohl geklungen haben? Sprachen sie die Worte „heilig, heilig, heilig..." leise und zaghaft aus? Durch die Gegenwart Gottes beeinträchtigt, in einer stillen Art und Weise, schön flüsternd, mit einem verklärten Blick zu Gott und seinem Thron gewandt? Nein! Sie riefen diese Worte! So steht es geschrieben. Ein Seraph rief zum anderen, mit gewaltiger Stimme: „Heilig, heilig, heilig ist der Herr der Heerscharen..." (Jes 6:3; EB)

Ich kenne Anbetungslieder, in denen leise und zaghaft „heilig, heilig, heilig" gesungen wird. Diese Art der Verehrung Gottes, durch Lieder dargebracht, hat seinen Platz. Jedoch müssen wir lernen, nicht jede Anbetung mit ruhig und leise gleichzusetzen. Ich glaube, daß der Heilige Geist uns in dieser Zeit eine tiefere Erkenntnis über wahre Anbetung geben will. Besonders möchte er uns lehren, zu unterscheiden, wann Anbetung lautstark zu sein hat, und wann sie in ruhigen Melodien und Gesängen stattfinden soll. Der Heilige Geist will uns Einzelheiten zeigen, die wir bisher noch nicht gesehen haben, um aus einer größeren Fülle der Anbetung Gottes schöpfen zu können.

Wenn wir Jesaja 6 aufmerksam lesen, dann werden wir erkennen, daß dort nicht steht, daß die Anbetung der Seraphim zaghaft, leise, „seelisch verklärt" und gedämpft war. Dort heißt es tatsächlich, daß ein Seraph zum anderen anbetend ausrief: „HEILIG, HEILIG, HEILIG ist der Herr der Heerscharen! Die ganze Erde ist erfüllt mit seiner Herrlichkeit." Die Seraphim waren in der Gegenwart Gottes laut. Lauthals verkündigten sie, was der Herr ist, und als sie dieses riefen, ...

...erbebten die Türpfosten in den Schwellen von der Stimme des Rufenden, und das Haus wurde mit Rauch erfüllt. (Jes 6:4; EB)

Apostolisch-prophetische Anbetung

Der Heilige Geist möchte in Deutschland und auch in allen anderen Nationen neue, d.h. apostolisch-prophetische Lobpreis- und Anbetungslieder hervorbringen. Leiser, milder, melodiöser, seelisch barmherziger und verklärter Gesang wurde Gott in der charismatischen Bewegung dargebracht. Nun jedoch gehört diese einseitige Art des Lobpreises, der für Gottes Gegenwart gegeben wurde, der Vergangenheit an.

Die lobpreisende Anbetung der charismatischen Bewegung war ein guter Anfang und viele sind durch diesen gesegnet worden. Jetzt allerdings möchte der Heilige Geist diesbezüglich unsere Erkenntnis erweitern. Jetzt ist die Zeit, in der er uns in machtvollen Kriegslobpreis führen will, welcher militant, wundersam und ohne Erbarmen mit den Mächten der Finsternis ist (Eph 6:12). In diesem Lobpreis wird das Brüllen des Löwen von Juda zu hören sein (vgl. u.a. Dr. Bill Hamon: „Apostel und Propheten", S.168, JESUS!-GemeindeVerlag Rinteln, 1. Auflage, Okt. 2000).

Der Löwe brüllt, wer sollte sich nicht fürchten? Gott der Herr redet, wer sollte nicht Prophet werden? (Am 3:8)

Die Seraphim riefen in der Gegenwart Gottes: **„HEILIG, HEILIG, HEILIG ist der HERR der Heerscharen! Die ganze Erde ist erfüllt mit seiner Herrlichkeit!"** (Jes 6:4; EB) Und als sie dies riefen, erbebten die Türpfosten in den Schwellen, und das Haus wurde mit Rauch erfüllt. Das Rufen der Engel war so gewaltig, daß erschüttert wurde, was erschütterbar war. Und als Ergebnis ihres Rufens wurde das Haus mit Rauch erfüllt. – Der Rauchdampf der Herrlichkeit des Herrn wurde in seinem Haus sichtbar.

So wie die Seraphim riefen, sollen auch wir rufen: „HEILIG, HEILIG, HEILIG ist der Herr der Heerscharen…!" Wenn wir dies tun, wird alles unheilige in uns und unserer Umgebung erschüttert und durch unser Rufen, die Herrlichkeit der Gegenwart Gottes im Rauchdampf sichtbar werden!

Unreine Lippen

In seiner Vision sah Jesaja den Herrn hoch erhöht auf einem erhabenen Thron sitzen. Und als er ihn dort sitzen sah, sprach er vor Entsetzen:

Wehe mir, denn ich bin verloren (ich werde vernichtet; oder, ich muß verstummen). Denn ein Mann mit unreinen Lippen bin ich, und mitten in einem Volk mit unreinen Lippen wohne ich. Denn meine Augen haben den König, den HERRN der Heerscharen, gesehen. (Jes 6:5;EB)

Jesaja entsetzte sich, als er den Herrn hoch erhaben auf seinem Thron sitzen sah. Er entsetzte sich nicht wegen der anwesenden, schrecklich anzusehenden Seraphim-Engel. Entsetzen kam über ihn aufgrund der Ehrfurcht gebietenden Gegenwart Gottes. Er entsetzte sich, weil er sich selbst im Licht Gottes sah und erkannte, daß er von einem Volk unreiner Lippen abstammte und daß er selber unreiner Lippen war. Er entsetzte sich, weil ihm bewußt wurde, daß er mit unreinen Lippen vor Gott keinen Bestand haben konnte.

Geflügelte Feuerdrachen

Nicht die Engelwesen brachten Jesaja ins Entsetzen, sondern Gott in seiner Hoheit und Allmacht, vor dem er sich als unrein und unheilig erkannte. Die Seraphim waren zwar furchtbar in ihrer Erscheinung, denn es waren geflügelte Branddrachen, doch diese beeindruckten Jesaja nicht. Auch wir wollen uns von ihnen nicht ängstigen lassen, denn es sind dienstbare Geister, die von Gott gesandt sind, um uns mit der Heiligkeit Gottes zu dienen. Naftali Herz Tur-Sinai, der das Alte Testament aus dem Jüdischen ins Deutsche übersetzt hat, bezeichnet in seiner Version die Seraphim als Branddrachen und gibt uns damit eine genauere Bezeichnung dieser Art Engelwesen wieder. In seiner Übersetzung (Naftali Herz Tur-Sinai, Die Heilige Schrift (AT), Hänssler-Verlag, Neuhausen, 1993) heißt es in Jesaja 6, Verse 2+6:

> **Ich sah den HERRN auf einem Throne sitzend, hoch erhaben und seine Schleppen erfüllten den Tempel, Branddrachen standen über ihm.** (Vers 2)

> **Da schwebte einer zu mir von den Drachen.** (Vers 6)

Und in der Jerusalemer Bibel steht als Kommentar zu Jesaja 6, Vers 2: „Seraphe = Himmlische Wesen"; ihr Name bedeutet die „Brennenden" (vgl. „Feuerschlangen" in 4. Mo 21:6; 5. Mo 8:15; „geflügelte Drachen": Jes 14:29; Jes 30:6). Und Gregor der Große (der von 540-604 n. Chr. lebte), Bischof von Rom (590 n. Chr.) und Bibellehrer, benennt in seinen Studien über die Schriften des Hesekiel, die Engelmächte, die als Seraphim bezeichnet werden „Feuerbrände" (vgl. Gregor der Große, Homilien zu Ezechiel, Verlag Einsiedeln, 1983, S. 157).

Die geflügelten Feuerdrachen, die Jesaja in der Gegenwart Gottes sah, riefen aus: Heilig, heilig, heilig ist der Herr der Heerscharen! Als sie dieses riefen, erbebten die Türpfosten in ihren Schwellen, und das Haus wurde voll Rauch. Die Engel-Drachen (Seraphim) riefen die Heiligkeit Gottes so gewaltig und feurig in den Tempel, daß die Türpfosten in ihren Schwellen erbebten, und das Haus mit dem Rauchdampf der Herrlichkeit des Herrn erfüllt wurde. – Seraphim sind Wesen, die Gottes Heiligkeit mit Feuer und Rauch offenbaren. Sie stehen vor dem Herrn und dienen ihm. Sie tun dies, indem sie seine Herrlichkeit proklamieren und den Menschen mit dem Blut Jesu – dem Feuer vom Altar – die Lippen reinigen und heiligen.

Über die Aktivität der geflügelten Feuerdrachen können wir auch etwas in Psalm 18:9 erfahren. Dort heißt es über den Allmächtigen, als er über die Feinde Davids zornig war, daß Rauch aus seiner Nase aufstieg, Feuer aus seinem Mund fraß und glühende Kohlen aus ihm brannten. Als der Herr zornig war, wurde seine Heiligkeit mit Rauch und Feuer durch die Seraphim wirksam und dem Mann nach dem Herzen Gottes – David – wurde geholfen.

Reinigendes und heiligendes Feuer

Wie würde es dir in der sichtbaren Gegenwart dieser Seraphim-Engelwesen ergehen? Würdest du vor Angst erstarren, oder würdest du wie Jesaja diese Feuerdrachen nur nebenbei beachten, aber vor der herrlichen Gegenwart des Herrn erschrecken und erkennen, daß du unreiner Lippen bist? Jesaja jedenfalls war so von der Gegenwart des Herrn beeindruckt und entsetzt, so daß er keine Möglichkeit hatte, Angst vor den geflügelten Feuerdrachen zu haben. Er sah den Herrn, den allmächtigen Gott. Und als er diesen sah, sprach er voller Furcht: „Ich vergehe, ich bin von einem Volk unreiner Lippen und auch ich habe unreine Lippen."

Als Jesaja sich als Mensch mit unreinen Lippen erkannte und seinen Zustand bekannte, geschah, was er uns im folgendem berichtet:

Da flog einer der Seraphim zu mir; und in seiner Hand war eine glühende Kohle, die er mit einer Zange vom Altar genommen hatte. Und er berührte damit meinen Mund und sprach: Siehe, dies hat deine Lippen berührt; so ist deine Schuld gewichen und deine Sünde gesühnt. (Jes 6:6+7; EB)

Einer der feurigen Branddrachen kam mit einer glühenden Kohle vom Altar zu Jesaja geflogen und berührte damit dessen Lippen. Die glühende Kohle vom Altar war eine geistliche Kohle. Es war keine materiell glühende Kohle, die seine Lippen sicherlich verbrannt hätte. Es war eine geistlich glühende Kohle, mit der seine Lippen berührt wurden, um sie zu reinigen und zu heiligen. Als Jesaja mit diesem Feuer in Berührung kam, wurde seine Sünde gesühnt und seine Schuld getilgt.

Die glühende Kohle vom Altar ist – im übertragenen Sinn – das Feuer des vergossenen Blutes Jesu. Der Altar ist die Opferstätte, auf der Jesus am Holz hängend wegen unserer Sünde verblutete und starb. Von diesem Altar läßt Gott sein Feuer durch den Dienst der Seraphim auch auf unsere Lippen gelangen, damit sie gereinigt und geheiligt Jesus preisen und in Wahrheit anbeten können. Wenn das Feuer vom Altar unsere Lippen berührt, dann können sie den von Gott gegebenen Lobpreis hervorbringen und wahre Anbetung darbringen, so daß der Rauchdampf der Herrlichkeit des Herrn sichtbar wird.

Schon der Prophet Joel sprach von Blut, Feuer und Rauchdampf und bezeichnete diese als Zeichen für das Kommen und in Wirkungtreten des Heiligen Geistes (Joel 3:3). Petrus zitierte diese Aussage des Propheten Joel, als er zu der Volksmenge in Jerusalem über diese Zeichen sprach (Apg 2:19). Das Zeichen des Blutes beschreibt das erlösende Blut Jesu Christi. Das Feuer vom Altar steht für den Dienst des Heiligen Geistes, der die Lippen der Jünger Jesu durch die geflügelten Branddrachen reinigt und heiligt. Der Rauchdampf bezeichnet schließlich die Herrlichkeit des Vaters, die sich durch den Lobpreis und die Anbetung der Erlösten – mit ihren gereinigten und geheiligten Lippen – zeigt.

Wer will mein Apostel sein?

Das Blut Jesu ist der Altar, von dem die glühende Kohle genommen wird, um unsere Lippen zu reinigen und zu heiligen. Jesajas Lippen wurden von solch einer glühenden Kohle gereinigt und geheiligt. Nachdem dies durch den Dienst der Seraphim geschehen war, und er von seiner Schuld befreit und seine Sünde gesühnt worden war, gelangte Gottes Stimme zu ihm. Jesaja berichtet:

> **Und ich hörte die Stimme des Herrn, wie er sprach: Wen soll ich senden? Wer will unser Bote sein? Ich aber sprach: Hier bin ich, sende mich! Und er sprach: Geh hin und sprich zu diesem Volk…** (Jes 6:8+9)

Der Herr sprach erst zu Jesaja, nachdem seine Lippen gereinigt und geheiligt waren. Im gereinigten und geheiligten Zustand der vergebenen Schuld und der gesühnten

Sünde war er fähig geworden, Gottes Wort zu hören, es zu empfangen und es zu tun. Jesaja hörte den Herrn sagen: „Wen soll ich senden? Wer will unser Bote (Apostel) sein?" Und Jesaja antwortete mit gereinigten und geheiligten Lippen: „Hier bin ich, sende mich!" Und der Herr sprach zu ihm: „Geh hin und sprich zu diesem Volk!"

Gesandte Gottes benötigen das Feuer der glühenden Kohle vom Altar. Erst das Feuer dieser Kohle befähigt sie zu gehen, um Gottes Wort in Reinheit und Heiligkeit predigen zu können. Nur wer gereinigte und geheiligte Lippen hat, ist würdig, als Gesandter Gottes zu den Völkern zu gehen, um ihnen zu sagen, was Gott ihnen mitteilen will.

Ein Gesandter ist ein Apostel, denn das griechische Wort für „Gesandter" ist „Apostel". Die Apostel sind von Jesus gesandt, einerseits, um zu allen Völkern zu gehen und ihnen das Evangelium zu verkündigen, und andererseits, um die Völker zu seinen Jüngern zu machen. Allerdings sollen dies nicht nur die Apostel tun, sondern alle Heiligen der Gemeinde Jesu.

Um ihren Auftrag zu erfüllen, sammeln die Apostel die an Jesus gläubig gewordenen Menschen in Gemeinden. Dort bilden sie – in Zusammenarbeit mit den anderen Diensten des fünffältigen Dienstes: den Propheten, den Evangelisten, Hirten und Lehrern – die Heiligen zum Werk des Dienstes aus (Eph 4:11f.). Der fünffältige Dienst ist die Ausbildungsgabe Jesu an die Gemeinde. Durch diese Dienste befähigt Jesus seine Heiligen, in allen fünf Dienstbereichen wie die Apostel als seine Gesandte zur Wirksamkeit zu gelangen.

Apostel führen die Gemeinde in das Apostolische, denn jeder in ihr soll in der apostolischen Salbung dienen können. Doch nicht jeder in der Gemeinde ist von Jesus berufen, Apostel im fünffältigen Dienst zu sein. – Jeder ist von Jesus gesandt, aber nicht jeder ist sein Gesandter. Dies meint: Jeder ist berufen, in der apostolischen Salbung zu gehen, um allen Nationen das Evangelium zu verkündigen und mitzuhelfen, sie zu Jüngern Jesu zu machen. Aber nicht jeder ist berufen, als Apostel zu gehen, der nicht nur das Evangelium verkündigt und die Bekehrten zu Jüngern Jesu macht, sondern zusätzlich als Ausbilder fungiert und die apostolische Salbung in den Gemeinden vermittelt, um die Jünger zum Werk des Dienstes freizusetzen.

Apostel, deren Lippen zuerst durch das Feuer des Blutes Jesu gereinigt und geheiligt wurden, haben den Auftrag, das Evangelium zu verkündigen und den an Jesus gläubig Gewordenen den Heiligen Geist zu vermitteln, damit deren Lippen mit dem selben Feuer vom Altar gereinigt und geheiligt werden. Erst wenn die einzelnen in der Gemeinde, u.a. durch diesen Prozess gegangen sind, ist die Gemeinde apostolisch geworden. Nur eine apostolische Gemeinde ist – zusammen mit den Aposteln – gesandt, das Evangelium zu verkündigen und die Nationen zu Jüngern zu machen. Wenn die Gemeinde der Heiligen im apostolischen Werk arbeitet, dann sorgt sie dafür, daß die Lippen der Nationen, genauso wie ihre zuvor, gereinigt und geheiligt werden, um sie zum Lobpreis und zur wahren Anbetung zu befähigen – zur Ehre Jesu Christi.

4

Apostelfeuer

Nachdem Jesus von den Toten auferstanden war, belehrte er seine Jünger über das kommende Königreich Gottes. Damit sie als Repräsentanten dieses Reiches in Erscheinung treten können würden, ermutigte er sie, auf den verheißenen Geist zu warten. Den versprach er ihnen zu senden, nachdem er in den Himmel aufgefahren sei, damit sie Kraft für diesen Dienst empfangen würden (Apg 1:4+8). Der Heilige Geist kam am Pfingsttag, zehn Tage nach Jesu Himmelfahrt, als sie alle beieinander waren und beteten. Sie alle wurden mit der Gegenwart des Geistes erfüllt (Apg 2:1f.).

Als dies geschah, waren alle Jünger Jesu in einem Raum versammelt. Sie beteten und warteten auf den Heiligen Geist, wie Jesus es ihnen geboten hatte. Trotzdem war es für sie eine Überraschung, als der Heilige Geist kam, denn es geschah *plötzlich*! – Erwartest du etwas von Gott? Ja? Dann bereite dich darauf vor, bete und warte auf die Erfüllung deines Gebetswunsches. Gottes Segnung wird zu dir kommen, und wenn sie zu dir gelangt, wirst du überrascht sein: sie wird *plötzlich* kommen. Du erwartest seinen Segen, bist auf ihn vorbereitet und doch wird es *plötzlich* sein, wenn geschieht, worauf du wartest. Es wird zu dir in einer Art und Weise kommen, wie du es nicht erwartest. So erging es auch den Jüngern, als sie versammelt waren, um den verheißenen Heiligen Geist in Empfang zu nehmen.

Die Jünger Jesu kannten die Geschichten des Alten Testamentes. Deshalb wußten sie vom Erlebnis des Elia auf dem Berg Horeb, welches er in der Gegenwart Gottes hatte. Ihnen waren auch die Worte, **„geh hinaus und stell dich auf den Berg vor den HERRN!"** (1. Kön 19:11; EB) geläufig, die der Herr zu Elia sprach, als jener dort in einer Höhle übernachtete. Auch war ihnen bekannt, was dann geschah, als Elia sich vor die Höhle gestellt hatte:

> **Und siehe, der HERR ging vorüber. Da kam ein Wind, groß und stark, der die Berge zerriss und die Felsen zerschmetterte vor dem Herrn her; der HERR aber war nicht in dem Wind. Und nach dem Wind ein Erdbeben; der HERR aber war nicht im Erdbeben. Und nach dem Erdbeben ein Feuer, der Herr aber war nicht in dem Feuer. Und nach dem Feuer der Ton eines leisen Wehens. Und es geschah, als Elia das hörte, verhüllte er sein Gesicht mit seinem Mantel, ging hinaus und stellte sich in den Eingang der Höhle. Und siehe eine Stimme geschah zu ihm.** (1. Kön 19:11-13; EB)

Die Jünger Jesu wußten, wie die meisten von uns auch, daß Gott, der Herr, nicht im Sturmwind zu Elia kam, daß er nicht im Erdbeben und auch nicht im Feuer war, jedoch im Ton des leisen Wehens seine Gegenwart ihm offenbarte. Kann es deshalb sein, daß die Jünger Jesu, als sie am

Pfingsttag alle beieinander waren und beteten, überrascht wurden, weil sie auf das sanfte Sausen Gottes gewartet hatten, der Heilige Geist aber im Sturm und Feuer kam?

Die Zeit der charismatischen Bewegung war eine Zeit des sanften Wehens des Heiligen Geistes. Die meisten von uns wurden durch diese Seite der Offenbarung Gottes geprägt und haben daher über das Wirken Jesu eine bestimmte Vorstellung bekommen. Wir, die wir diese Zeit des Wirkens des Heiligen Geistes in dieser Weise miterlebt haben, neigen dazu, die Pfingstgeschichte mit der sanft-charismatischen Brille zu lesen. Nur durch die Gnade Gottes kann uns bewußt werden, was dort in der Apostelgeschichte 2 tatsächlich über den Heiligen Geist und sein Kommen berichtet wird. Ich trug solch eine Brille und erkannte eine lange Zeit nicht, daß der Heilige Geist im Sturm und Feuer zu den Jüngern Jesu kam. Ich war im festen Glauben, daß Gott immer in der Art und Weise zu uns kommen würde, wie er dort auf dem Berg Horeb zu Elia kam: Im Ton des leisen und sanften Wehens!

Sturm und Feuer

Aufgrund meiner charismatischen Prägung war ich stark davon überzeugt, daß der Heilige Geist nur als leiser, sanft wehender Wind zu uns kommen würde. Daß dem nicht so ist, erfahren wir aus der Apostelgeschichte 2. Deshalb laß uns diese Geschichte, über das Kommen des Heiligen Geistes, noch einmal lesen und genau hinschauen, was dort geschrieben steht:

Und als der Tag des Pfingstfestes erfüllt war, waren sie alle an einem Ort beisammen. Und plötzlich geschah aus dem Himmel ein Brausen, als führe ein gewaltiger Wind daher, und erfüllte das ganze Haus, wo sie saßen. Und es erschienen ihnen zerteilte Zungen wie von Feuer, und sie setzten sich auf einen jeden einzelnen von ihnen. Und sie wurden alle mit Heiligem Geist erfüllt und fingen an, in anderen Sprachen zu reden, wie der Geist ihnen gab auszusprechen. (Apg 2:1-4; EB)

Der Heilige Geist kam nicht sanft säuselnd zu den Jüngern Jesu, als diese zu Pfingsten versammelt waren. Er kam nicht in der Art und Weise, wie er zu Elia kam, als dieser sich vor der Gegenwart Gottes verhüllte. Er kam im Sturm und Feuer!

Als der Heilige Geist zu Elia kam, war er nicht *im* Sturm und Feuer, jedoch zu Pfingsten kam der Heilige Geist *im* Sturm und Feuer. Nicht wie ein sanft wehender Wind – er kam mächtig, brausend und gewaltig! David H. Stern übersetzt den Vers in der Apostelgeschichte 2, in dem das Kommen des Heiligen Geistes berichtet wird, mit noch deftigeren Worten als Luther und andere es taten:

Plötzlich ertönte ein Brausen vom Himmel her, wie das Brüllen eines wütenden Windes und es erfüllte das ganze Haus, in dem sie saßen. Dann erblickten sie etwas, das aussah wie feurige Zungen, die sich trennten und auf jedem einzelnen von ihnen zur Ruhe kamen. (Apg 2:2+3; David Stern, Das jüdische Neue Testament, Hänssler, Stuttgart, 1994)

Nach der Übersetzung von Stern kam der Heilige Geist wie ein brüllender, wütender Wind und mit Feuer auf die Apostel und die anderen dort versammelten Jünger. Was dann geschah, wissen wir: Jeder, der in dem Raum war, wurde mit dem Heiligen Geist erfüllt und begann in unbekannten Zungen zu beten. Jeder brachte durch diese Erfüllung mit Geist und mit Feuer, durch das Beten in anderen Sprachen, zum Ausdruck, wovon er zuvor durch den Geist Gottes beeindruckt worden war. Deshalb glaube ich, daß die Jünger Jesu feurig und genauso stürmisch, stark und wütend brüllend in anderen Zungen beteten, wie es uns über das Kommen des Heiligen Geistes berichtet wird.

Der Heilige Geist kam mit Sturm und Feuer! Die Jünger Jesu benötigten diesen Sturmwind des Geistes, denn dieser fegte jede Angst aus ihrem Leben. Und sie benötigten sein Feuer, welches ihre Lippen reinigte und heiligte, die bis zu diesem Zeitpunkt, gleich denen von Jesaja, noch nicht gereinigt und geheiligt waren. – Sie benötigten den brüllenden Sturm, um von der Spreu der schwachen, lügnerischen Geister befreit zu werden, und sie brauchten für ihre Lippen das reinigende und heiligende Feuer vom Altar.

Johannes der Täufer prophezeite, daß Jesus derjenige ist, der mit Geist und mit Feuer taufen würde (Mt 3:11). Dieses Taufereignis geschah zum ersten Mal Pfingsten, fünfzig Tage nach der Auferstehung Jesu. Die Prophetie Johannes des Täufers fand ihre Erfüllung. Seit diesem Tag ist der Heilige Geist beständig auf der Erde, um alle Jünger Jesu mit seiner Gegenwart zu erfüllen und ihnen mit dem Wind seines Sturmes zur Befreiung und dem Feuer vom Altar zur Reinigung und Heiligung der Lippen zu dienen.

Apostolisches Feuer

Das apostolische Feuer ist das Feuer der Apostel. Dieses Feuer sandte Jesus zuerst zu seinen Aposteln und zu den anderen Jüngern, die dort in dem Obergemach versammelt waren. Dieses reinigende und heiligende Feuer verzehrte ihre Schwächen, so daß sie in der Kraft des Heiligen Geistes zu Zeugen Jesu wurden. Es befähigte die Apostel, durch Auflegung ihrer Hände den Heiligen Geist zu vermitteln, um die ganze Gemeinde und alle, die der Gemeinde hinzugefügt werden würden, mit dem Feuer vom Altar zu reinigen und zu heiligen und sie durch dieses Feuer apostolisch zu machen. Jeder in der Gemeinde soll von diesem apostolischen Feuer erfaßt werden und mit diesem Feuer das Evangelium verkündigen, um dabei mitzuhelfen, die Nationen zu Jüngern Jesu zu machen.

Jesus sandte den Heiligen Geist und alle im Raum versammelten Jünger wurden mit ihm erfüllt. Und mit dem Heiligen Geist sandte er auch die Branddrachen, die das „Apostelfeuer" – das Feuer des Blutes Jesu – mit Zangen vom Altar nahmen, um mit diesem deren Zungen und Lippen zu reinigen und zu heiligen, damit sie in der Kraft des Heiligen Geistes gesandt werden konnten. Was Jesus mit seinen damaligen Jüngern tat, will er heute mit uns tun. Er möchte uns mit dem Heiligen Geist erfüllen und uns durch den Dienst der Seraphim – der geflügelten Branddrachen – mit dem Feuer reinigen und heiligen. Ob wir nun Apostel oder andere Glieder seines Leibes sind, er will uns durch seinen feurigen Geist ausrüsten, damit wir seine gesandten Boten sein können.

Was geschah nachdem die Jünger Jesu mit dem Heiligen Geist erfüllt waren und das apostolische Feuer auf ihren Zungen und Lippen empfangen hatten? Sie begannen in anderen Sprachen zu reden, wie der Geist es ihnen gab auszusprechen! Ja, so war es. Aber in welcher Art und Weise fingen sie an, in anderen Sprachen zu reden, nachdem der Heilige Geist wie ein gewaltiger, zorniger, brüllender Sturmwind zu ihnen gekommen war und sie mit dem Feuer vom Altar, den Feuerzungen, angerührt hatte? Starteten sie im Gebet mit ganz leiser und zurückhaltender Zungensprache? Nein! So kann ich mir dies nicht mehr vorstellen! Ich glaube, daß sie in ihrer Zungenrede – in den vom Heiligen Geist gegebenen Worten – zum Ausdruck brachten, wovon sie beeindruckt worden waren. Ich glaube, daß ihr Sprachengebet wie ein brüllender, wütender Wind mit Feuer gewürzt aus ihnen hervorbrach. Ich denke, daß dies so war, weil es in der Apostelgeschichte weiter heißt: **„Als aber dieses Geräusch entstand, kam die Menge zusammen und wurde bestürzt, weil jeder einzelne sie in seiner Mundart reden hörte."** (Apg 2:6; EB)

Die Juden aus den Heidennationen, die zu dieser Zeit in Jerusalem waren, liefen aus Neugier in Richtung dieses Geräusches, weil sie wissen wollten, was dieses Getöse (dieses gewaltige Brausen) verursachte. Und als sie diesem Lärm auf die Spur gekommen waren, sahen sie die Jünger Jesu und hörten, wie diese in anderen Sprachen – in ihrer eigenen Mundart – redeten.

Die Jünger Jesu wurden durch die Erfüllung mit dem Heiligen Geist mutig wie die Löwen. Sie, die zuvor voller Furcht vor den Menschen waren, zeigten sich auf einmal mutig und kühn vor den Leuten. In der Kraft des Heiligen Geistes lärmten sie in anderen Sprachen redend auf den Strassen Jerusalems und predigten das Evangelium.

Eine gewaltige Kraft wurde durch die mit Geist und Feuer getauften Apostel und Jünger Jesu offenbar. Allein die Predigt des Petrus bewirkte an diesem Tag, daß sich dreitausend Menschen zu Jesus wandten, gerettet und dem Reich Gottes hinzugefügt wurden (Apg 2:41).

Von Jerusalem wird gesagt, daß es die Stadt mit den meisten bösen, religiösen Teufeln sei. Dort wurde Jesus zum Tode verurteilt und dann außerhalb ans Kreuz geschlagen. Am Pfingsttag, als der Heilige Geist wie ein brüllender Wind kam, kam er zornig gegen diese religiösen, bösen Geister, aber auch gegen jede Schwäche, in denen sich die Jünger Jesu befanden. Er kam nicht im Zorn gegen die Jünger oder gegen die anderen Menschen in Jerusalem! Er kam nicht, um die Menschen dort zu verderben. Er kam, um sie zu retten, um sie zu befreien und um sie zu heilen. Er kam, damit das Opfer Jesu für sie zu einer erlebbaren und sichtbaren Realität werden konnte.

Die Versammlung der Heiligen im Bund des Opfers

In Psalm 50 wurde prophetisch angewiesen, was die Jünger Jesu – die Heiligen – zu Pfingsten in Jerusalem tun sollten. Es heißt dort in Vers 5:

Versammelt mir meine Heiligen, die den Bund mit mir schlossen beim Opfer.

Die versammelten Heiligen in Jerusalem waren Jesu zwölf Apostel und seine anderen Jünger. Sie standen im Bund seines Opfers. Sie waren beieinander, weil sie Jesu Opfer am Kreuz für sich in Anspruch genommen hatten. Sie waren Jesu Wort gehorsam, der ihnen gebot, dort zusammen auf den verheißenen Geist zu warten. Und als sie am Pfingsttag versammelt waren, kam Gott der Herr zu ihnen, und sie wurden alle mit seiner Gegenwart erfüllt.

Wer wie die ersten Jünger Jesu im selben Bund des Opfers steht und Jesu Blut zur Vergebung der Sünden angenommen hat, kann den Heiligen Geist genauso empfangen, erleben und mit ihm erfüllt werden, wie diese am ersten Pfingsttag. Allerdings kommt der Heilige Geist zu uns nicht direkt aus dem Himmel, denn seit jenem Pfingsttag ist er auf der Erde gegenwärtig. Heute wartet er nur darauf, daß er von uns gerufen wird, um uns in dieselben Erlebnisse zu führen, in die er die ersten Jünger Jesu hineinbewegte. Wenn wir in der Gemeinschaft des Heiligen Geistes sein wollen, müssen wir ihn zu uns rufen. Erst wenn wir dies tun, wird er zu uns kommen und uns helfen, in seinen Fluß zu gelangen, damit Jesu Herrlichkeit durch unser Leben offenbar werden und fließen kann.

Der Heilige Geist wird nicht schweigen, wenn er zu uns kommt. In seiner Gemeinschaft werden wir sein Sprachrohr sein und sprechen, was wir ihn reden hören, genauso wie es die ersten Jünger Jesu taten. Wenn wir dies tun, wird Gottes Feuer vor uns her fressen und um uns herum wird es gewaltig stürmen. So wird es uns in den vorhergehenden Versen in Psalm 50 gesagt:

> **Gott, der HERR, hat geredet und die Erde gerufen, vom Aufgang der Sonne bis zu ihrem Niedergang. Aus Zion, der Schönheit Vollendung, ist Gott hervorgestrahlt. Unser Gott kommt, und er wird nicht schweigen; Feuer frißt vor ihm her, und ringsum stürmt es gewaltig.** (Ps 50:1-3; EB)

Gott, der Heilige Geist, kommt mit Sturm und Feuer zu den Menschen, die mit Jesus und seinem Opfer im Bunde stehen. Er kommt zur Gemeinde Jesu, die auch mit „Zion" bezeichnet wird. Er kommt zu Zion, um es mit seiner Gegenwart zu erfüllen. Sein Ziel ist, daß aus Zion – der Schönheit Vollendung – Jesus hervorstrahlt.

Am ersten Pfingsttag geschah, was der Psalmist prophezeite: Gott der Heilige Geist kam zu den versammelten Jüngern Jesu – der Gemeinde. Er kam und schwieg nicht! Und als er kam, stürmte es gewaltig um ihn herum, Feuer fraß vor ihm her. Alle Versammelten, die den Bund mit Jesus beim Opfer geschlossen hatten, wurden mit ihm erfüllt, so daß die Herrlichkeit Christi durch sie im gewaltig lärmenden, mit Feuer gewürzten Zungenreden offenbar wurde. In der Kraft dieses Geistes machten sie dann in aller Welt bekannt, daß Jesus Gott ist.

Bekehrungen – die Folge der Gegenwart des Heiligen Geistes

Nachdem Jesus seine Jünger mit dem stürmischen Feuer des Heiligen Geistes – dem apostolischen Feuer – erfüllt hatte, offenbarte er in Jerusalem seine Macht. Er konnte nicht länger an sich halten und über die sündigen Zustände in dieser Stadt schweigen. Zornig über die bösen, religiösen Geister in der Atmosphäre, die von dort die Menschen in Sünde verstrickt hielten, kämpfte er, durch die vom Heiligen Geist erfüllten Jünger, gegen diese Mächte und Gewalten. Er kam mit Grimm auf den Lippen und mit verzehrendem Feuer auf den Zungen seiner Jünger und als Ergebnis bekehrten sich dreitausend Juden, die ihn als ihren Herrn und Erlöser annahmen.

Der Heilige Geist kam und wehte durch den Wind der Zungenreden der Jünger Jesu die bösen Geister wie Spreu hinweg. Schon ein Psalmist bezeugt, daß die gottlosen Geister keinen Bestand in der Gemeinde der Gerechten haben: **„...sie sind wie Spreu, die der Wind verweht"**, sprach er (Ps 1:4; EB). Und Johannes der Täufer prophezeite: **„...die Spreu aber wird er mit unauslöschlichem Feuer verbrennen."** (Mt 3:12; EB)

Als die Jünger Jesu in anderen Zungen Gottes Worte sagten, kam „Himmelsluft" nach Jerusalem. Die Atmosphäre wurde – durch die mit dem Heiligen Geist und Feuer getauften Jünger – mit der Herrlichkeit Gottes erfüllt. Kein böser Geist konnte sich in diesem zornig herumwirbelnden Sturmwind und in diesem verzehrendem Feuer ihrer Gebete halten.

Als erste wurden die Apostel und alle anderen Jünger Jesu, die am Pfingsttag in diesem Raum waren, mit dem Heiligen Geist erfüllt und mit dem Feuer vom Altar auf ihren Zungen und an ihren Lippen berührt. Die Wirkung war revolutionär! Die Jünger begannen sogleich in anderen Sprachen zu reden und wurden mutig wie die Löwen. Sie trauten sich nicht nur, vor Tausenden von Menschen in anderen Zungen zu sprechen und zu predigen, sondern sie setzten sogar alles daran, dies zu tun. Und wie gesagt: das Ergebnis war, daß sich an diesem Tag dreitausend Juden bekehrten und an Jesus gläubig wurden.

Die neu zum Glauben an Jesus Geführten wurden sofort von Petrus über den Empfang der Kraft des Heiligen Geistes belehrt. Sie sollten genauso wie die Jünger ohne Verzögerung mit dieser Person Gottes und deren Kraft erfüllt werden. Sie mußten nicht erst heilig genug werden und Jahre warten, um mit dem Heiligen Geist erfüllt und mit Feuer getauft zu werden, wie es Lehrer und Leiter in vielen unserer heutigen Gemeinden allzuoft von neu für Jesus Entschiedenen verlangen. – Die Schrift bezeugt deutlich, daß ein an Jesus gläubig gewordener Mensch ein Heiliger ist, der von Jesus Heiligkeit geschenkt bekommen hat und deshalb schon gleich an den Segnungen der Zusagen Gottes teilhaben kann (1.Kor 1:30).

Anhand der unterweisenden Worte des Petrus an die versammelte Menschenmenge in Jerusalem (Apg 2:38) können wir erkennen, daß alle nach Errettung Fragenden aufgrund der Befolgung dieser Anleitung sofort gerettet, getauft und mit dem Heiligen Geist erfüllt wurden (Apg 2:41). Es waren nicht nur ein paar Jünger, sondern Dreitausend, die an diesem ersten Tag, dem Geburtstag der Gemeinde Jesu, mit Geist und mit Feuer getauft wurden. Alle, die den Worten des Petrus glaubten und ihnen Folge leisteten, wurden gerettet, im Wasser getauft, mit dem Heiligen Geist erfüllt und mit dem Feuer vom Altar gereinigt und geheiligt, so daß auch ihre Lippen in anderen Zungen beten konnten.

Wie Jesaja berichtete, nahm der Seraph die Kohle vom Altar, um mit ihr Jesajas Lippen zu reinigen. Erst diese Anrührung befähigte ihn, Gottes Bote – sein Apostel – sein zu können (Jes 6:1-8). Der Altar ist das Kreuz Jesu, dort floß für uns sein Blut. – Das Blut Jesu ist die Grundlage unserer Erlösung und Neugeburt aus dem Geist und unseres christlichen Lebens. Von diesem Altar wird das Feuer genommen, um unsere Zungen und Lippen zum Zeugnis und für die Verkündigung des Wortes Gottes zu reinigen und zu heiligen. Menschen dagegen, die nicht von Neuem aus dem Geist Gottes geboren wurden, können weder den Geist Gottes entgegennehmen, noch mit dem Feuer des Geistes getauft werden. Jesus sagt, daß die Welt den Geist der Wahrheit nicht empfangen kann (Joh 14:17). Aber alle, die das Blut Jesu zur Vergebung ihrer Sünden beanspruchen, haben ein Recht, mit Geist und Feuer getauft zu werden.

Von den Engeln sagt uns die Heilige Schrift, daß sie dienstbare Geister sind und ausgesandt wurden, um denen zu dienen, die durch Jesus das Heil ererben sollen (Hebr 1:14).

Die Seraphim, die geflügelten Feuerdrachen, sind solche dienstbaren Engel. Es sind Engel der Heiligkeit des Herrn. Ihre Aufgabe ist es, uns mit dem Feuer vom Altar zu reinigen und zu heiligen.

Seraphim rufen in der Gegenwart Gottes: **„Heilig, heilig, heilig ist der HERR der Heerscharen! Die ganze Erde ist erfüllt mit seiner Herrlichkeit!"** (Jes 6:3; EB) – Sie bekunden durch ihr Rufen, daß niemand ungeheiligt in der Gegenwart Gottes Bestand haben kann. Weil aber der Allmächtige will, daß wir vor ihm bestehen können, ist es ihre Aufgabe, unsere Lippen mit dem Feuer vom Altar zu reinigen und zu heiligen. Gereinigte und geheiligte Lippen befähigen uns, genauso wie Jesus selbst, Gottes Wort zu verkündigen und wie die Seraphim die Heiligkeit des Herrn auszurufen.

Heilig wie der Herr

Gott will, daß wir heilig sind. Deshalb brauchen wir das Blut Jesu und das Feuer dieses Blutes – die glühende Kohle vom Altar. Petrus greift diesbezüglich Gottes Wort auf. Er zitiert Mose, den der Allmächtige wissen ließ, daß wir heilig sein sollen, genauso wie er selbst heilig ist (3. Mo 19:2).

> **Als Kinder des Gehorsams paßt euch nicht den Begierden an, die früher in eurer Unwissenheit herrschten, sondern wie der, welcher euch berufen hat, heilig ist, seid auch ihr im ganzen Wandel heilig! Denn es steht geschrieben: Seid heilig, denn ich bin heilig.**
> (1. Petr 1:14-16; EB)

Gott, der Herr, sagt sowohl im Alten als auch im Neuen Testament: „Ich bin heilig und ihr sollt heilig sein." Jesus bestätigt dies im hohepriesterlichen Gebet für uns, indem er seinen Vater bittet:

> **Heilige sie durch die Wahrheit! Dein Wort ist die Wahrheit. Wie du mich in die Welt gesandt hast, habe auch ich sie in die Welt gesandt; und ich heilige mich selbst für sie, damit auch sie Geheiligte seien durch Wahrheit.** (Joh 17:17-19; EB)

Gebet mit Geist und Feuer

Jesus sagt, daß die Wahrheit heiligt. Gottes Wort ist die Wahrheit. Und deshalb muß, wer geheiligt werden will, dem Wort Gottes zuhören und sich seinen Aussagen hingeben. Ja, Jesus sagt sogar, daß er selbst die Wahrheit ist! Johannes zitiert diese Aussage Jesu, der sprach: **„Ich bin der Weg und die Wahrheit und das Leben; niemand kommt zum Vater denn durch mich!"** (Joh 14:6) Jesu Wort soll uns zu denken geben! Es besagt, daß wir mehr als nur geschriebene oder gehörte Worte benötigen, um geheiligt zu werden und ein heiliges Leben führen zu können. Wir benötigen das lebendige Wort Gottes selbst, welches Jesus Christus ist; wir müssen uns in seine Gegenwart begeben und unser Leben ihm ausliefern, damit wir heilig sein können.

Jesus kann alle Sprachen verstehen und folglich auch sprechen. Er versteht alle Worte der Zungenrede, denn sie kommen von ihm. Er ist Gott, das lebendige Wort, und deshalb die Quelle aller wahren und heiligen Worte. Seine Worte beinhalten Sinn, Kraft und Tat. Jesu Worte sind Wahrheit, ob wir sie nun verstehen oder nicht. Sein Wort heiligt uns und führt uns in die Gemeinschaft mit ihm. Wenn wir sein Wort angenommen haben und es in uns festhalten, dann wird es in uns und durch uns den Sinn, die Kraft und die Tat hervorbringen. Es wird durch uns bewirken, wozu es gesandt worden ist (Jes 55:10+11). Die Wahrheit heiligt zuerst uns – sie nimmt zuerst in uns Gestalt an –, und dann wird sie durch unser Leben für alle Welt sichtbar. Wenn dies geschieht, werden wir als die Heiligen Gottes offenbar.

Nachdem die ersten Jünger Jesu mit Geist und Feuer getauft waren, begannen sie in unverständlichen Sprachen zu beten. Sie sprachen die Worte, die ihnen durch den Heiligen Geist in ihren Geist hineingegeben worden waren. Sie sprachen in Zungen, die sie reinigten und heiligten. Diese Zungen offenbarten die Worte Jesu, in denen die Kraft zur Reinigung und Heiligung für sie wirksam wurde. Paulus nennt diese Art des Gebets „Beten im Geist" (1. Kor 14:15). Er selbst betete sehr viel in diesen Sprachen, um sich zu reinigen und zu heiligen, um in Feuer zu gelangen und um sich durch die Kraft dieser Worte zu stärken. Paulus sagt: „Wer in Sprachen redet, erbaut sich selbst." (1. Kor 14:4; frei übersetzt)

Wer im Geist betet, betet in anderen Sprachen (Zungen). Und wer dies tut, nimmt den Dienst der geflügelten Feuerdrachen – die Seraphim – für sich in Anspruch. Sie sind es, die uns mit dem Feuer des Blutes Jesu dienen und unsere

Lippen damit anrühren. Sie geben dieses Feuer in die Worte der Zungenrede, wodurch unsere Lippen gereinigt und geheiligt werden.

Wie wir in der Apostelgeschichte sehen können, wurden die ersten Jünger Jesu mit Geist und Feuer getauft, um für den Dienst freigesetzt zu werden. Als dies geschah, begannen sie in anderen Sprachen zu reden. Diese Rede war es, die sie für den Dienst reinigte und heiligte und ihnen die Kraft des Heiligen Geistes offenbarte. Sie waren nach diesen Gebeten in anderen Sprachen nicht mehr dieselben. Mutig wie die Löwen predigten sie das Evangelium und taten große Zeichen und Wunder, genauso wie Jesus es zuvor getan hatte.

Wir heutigen Nachfolger Jesu dürfen diesen Weg der Reinigung, Heiligung und der Kräftigung nicht verachten. Die Erfüllung mit dem Heiligen Geist und die daraus resultierende Sprachen- oder Zungenrede, ist Jesu Art und Weise, um uns als seine Nachfolger zu reinigen und zu heiligen, anzufeuern und zu befähigen, sein Werk zu tun und auch um dann verständlich und in Kraft sein Wort predigen zu können. Nur gereinigte und geheiligte Lippen können das Wort Gottes so predigen, wie es Gott gefällt. Wer mit gereinigten und geheiligten Lippen das Wort Gottes verkündigt, hat die Zusage des Heiligen Geistes, dieser Verkündigung Zeichen, Heilungen und Wunder nachfolgen zu lassen (Mk 16:20; Apg 14:3; Hebr 2:1-4). – Unsere Lippen müssen mit dem Feuer vom Altar gereinigt und geheiligt werden, bevor wir als Boten Jesu gesandt werden können.

Die Zunge – Gottes Steuerruder für unser Leben

So wie der Kapitän eines Schiffes dem Steuermann die Richtung vorgibt, wohin er das Schiff durch das Steuerrad lenken soll, so gibt Jesus dem Heiligen Geist Worte, die sich durch die Zungenrede äußern, um unserem Leben Richtung zu geben. Sie führen uns, wohin er uns führen will. Wenn wir dem Heiligen Geist, als unserem Steuermann, das Steuerrad unseres Lebens – die Zunge – geben, dann kann er uns nach den Anweisungen Jesu durch diese lenken. Das Steuerrad in der Kommandozentrale eines Schiffes ist mit einem kleinen, am Heck befindlichen Ruder verbunden, welches das ganze Schiff lenkt. Das Steuerrad unseres Lebens befindet sich in unserem Herzen, welches mit der Zunge verbunden ist. – Herz und Zunge gehören zusammen, genauso wie das Steuerrad eines Schiffes und das Ruder, womit das ganze Schiff gelenkt wird (Jak 3:1-12).

Wenn nun der Heilige Geist durch unsere Erlaubnis in unserem Herzen weisungsberechtigt ist, dann führt er uns mit dem Steuerruder unseres Lebens – der Zunge. Er kann unsere Zunge bewegen und uns durch diese leiten, wohin Jesus uns führen will, weil das Herz mit der Zunge verbunden ist. – Unser Mund sagt, womit unser Herz gefüllt ist (Mt 12:34). Ist unser Herz mit dem Heiligen Geist gefüllt, dann wird unsere Zunge die Worte des Heiligen Geistes sprechen. Diese Worte sind es, die uns in die von Jesus angegebene Richtung führen – zum Vater.

Der Heilige Geist will der Steuermann unseres Lebens sein. Er will das Ruder führen, um uns als ganzen Menschen zu lenken. Seine Worte sind Wahrheit und führen uns in die Wahrheit, auch wenn wir sie nicht verstehen. In seinen Worten ist der Sinn, die Kraft und die Tat Jesu verborgen. Wenn wir die Worte des Heiligen Geistes sprechen, dann werden diese unser Leben lenken und mit Sinn erfüllen und uns durch ihre innewohnende Kraft zur Tat bewegen. Gottes Worte, gesprochen durch unseren Mund, werden zur Wirkung gelangen, egal, ob sie für unseren Verstand nun verständlich sind oder nicht. Es sind Worte Gottes, und Gott versteht sein Wort! Er möchte, daß wir seine Worte sprechen, damit er uns durch diese führen kann. Sein Wort auf unseren Lippen, verständlich oder in unverständlichen Zungen gesprochen, wird die Tat seines Wortes durch unser Leben hervorbringen.

Jedes Wort hat in sich einen Sinn, ob wir ihn nun verstehen oder nicht. Der Sinn des Wortes lenkt uns, wenn wir es aussprechen! Durch unser Aussprechen wird der Geist des Wortes freigesetzt und aktiviert. Er wird sich in unser Leben ergießen und unsere Handlungsweisen bestimmen. Wenn wir die Worte Jesu sprechen, dann ist es der Geist dieser Worte, der uns lebendig macht und uns nach der Weise Jesu leben läßt. Jesus sagt: **„Der Geist ist es, der lebendig macht; das Fleisch nützt nichts. Die Worte, die ich zu euch geredet habe, sind Geist und sind Leben.“** (Joh 6:63; EB)

Ausgesprochene Worte bewegen uns und sind stärker als wir. Wir haben ihnen Macht über unser Leben gegeben. Wir werden in die Richtung gehen müssen, in die wir uns gesprochen haben. Natürlich ist eine Kurskorrektur möglich. Die Bibel spricht in diesem Zusammenhang von Buße, was nichts anderes als Umkehr meint. Jesus sagt: **„Kehrt um und glaubt an das Evangelium.“** (Mk 1:15; frei übersetzt)

Wenn wir uns mit dem Heiligen Geist und mit Feuer von Jesus taufen lassen und in anderen Sprachen – im Geist – beten, dann geben wir Jesus die Möglichkeit, uns durch die Worte seines Geistes zu sich zu führen. Die Worte, die wir im Geist sagen, sind von Gott und bergen in sich seinen Sinn, seine Kraft und seine Weisheit zur Tat. Sie bauen uns auf, auch wenn wir sie nicht verstehen. Ja, sie reinigen und heiligen uns, damit wir in Reinheit und Heiligkeit leben können.

Wenn unsere Zunge durch das Feuer vom Altar gereinigt und geheiligt ist, dann – und wirklich erst dann – ist sie befähigt, ein heiliges Feuer für den Herrn zu sein.

Die Zunge ist ein Feuer, schreibt Jakobus (Jak 3:6). Deshalb müssen wir uns die Frage stellen: Ist unsere Zunge nur ein Feuer, oder ein vom Heiligen Geist geheiligtes Feuer?

Einheit durch den Geist

Wenn wir in der Gemeinschaft mit dem Heiligen Geist in Zungen reden, dann bewirkt diese unverständliche Sprache Einheit mit Jesus. Unsere Einheit mit ihm beginnt im

Geist. Nur in der Einheit des Geistes können wir die Tiefen der Erkenntnis Christi erfahren und dann auch verständlich erfassen. Wenn unsere Lippen die Worte des Geistes sprechen – in Zungen reden –, dann werden sie für das verständliche Wort Jesu gereinigt und geheiligt, so daß sie es im Verständnis Gottes weitergeben können.

Dem Demütigen gibt Gott Gnade (Spr 3:34). Deshalb muß unser Verstand gedemütigt werden. Er braucht Gnade, um die Erkenntnis Christi verstehen zu können. Unverständliches Zungenreden bewirkt diese Demütigung. Unser Verstand versteht nichts von dem, was die Lippen sprechen und das demütigt ihn. In dieser Verfassung ist er nun bereit, die Tiefen der Erkenntnis Christi aufzunehmen und zu verstehen, so daß der Zungenredende auch verständlich die Tiefen des Wortes Gottes weitersagen kann.

Der Demütige weiß, daß er Gottes Wort nicht aus sich selbst, in der Kraft seines Intellektes erfassen kann. Ihm ist bewußt, daß Gott sich nicht ändert, und daß er die Dinge nach Gottes Weisung tun muß. Deshalb läßt er sich mit dem Heiligen Geist erfüllen und spricht in unverständlichen Sprachen. Er spricht die unverständlichen Worte des Heiligen Geistes, damit er die verständlichen Worte Jesu offenbar machen kann.

Wir wissen, daß Jesus niemals aus sich selbst sprach. Er sprach, was er seinen Vater reden hörte – das ist Demut. Vollkommen eins mit dem Vater offenbarte Jesus die Werke des Vaters. Er sprach und tat niemals irgend etwas Eigensinniges. Diesbezüglich sagte er, daß er nur tun würde, was er den Vater tun sähe; und daß er nur sprechen würde, was er den Vater reden höre (Joh 5:19; 8:26).

Jesus unterordnet sich dem Vater. Er hat kein eigenes Programm und deshalb auch keine Ambitionen, Karriere zu machen. Er macht, was er den Vater tun sieht, und spricht, was er den Vater reden hört. In Demut ist er mit dem Vater eins! Und genau so, wie Jesus mit dem Vater eins ist, so sollen auch wir mit ihm eins sein. Über diese unsere Einheit mit ihm, sprach Jesus mit seinem Vater und sagte:

Wie du, Vater, in mir bist und ich in dir, so sollen auch sie in uns sein, damit die Welt glaube, daß du mich gesandt hast. Und ich habe ihnen die Herrlichkeit gegeben, die du mir gegeben hast, damit sie eins seien, wie wir eins sind, ich in ihnen und du in mir...
(Joh 17:21-23; LU)

Wenn du Jesus als Herrn bekennst und ihn in dein Leben gebeten hast, dann ist er auch in dein Leben gekommen. Hast du dies getan, so bist du von Neuem aus dem Geist Gottes geboren worden. In dir ist das Reich hervorgekommen, in dem Jesus der Herr ist. Durch die Neugeburt im Geist ist Jesus in dir und du, in diesem Geist, in ihm. Weil alle anderen, die auch von Neuem aus dem Geist geboren wurden, in Jesus sind, bist auch du eins mit ihnen, genauso, wie du mit Jesus und dem Vater eins bist.

Die Seraphim rufen in der Gegenwart Gottes: **„Heilig, heilig, heilig ist der HERR der Heerscharen!"** (Jes 6:3) Wenn sie dies tun, dann proklamieren sie die Heiligkeit Jesu – in uns! Und wir, wir stimmen mit ihnen überein, weil wir an die Heiligkeit Jesu glauben und rufen wie sie: „Heilig, heilig, heilig ist JESUS, der Herr der Heerscharen." Jedoch dürfen wir nicht vergessen, daß wir in Jesus genau so heilig sind, wie er in uns, auch wenn dies noch nicht in Vollendung sichtbar geworden ist. Es ist wahr: Jesus in uns ist heilig, und wir, die wir an seinen Namen glauben, sind es auch in ihm!

Jesus ist der Herr und wir gehören zu den Heerscharen. Er ist in uns, und wir sind in ihm – deshalb sind wir eins mit ihm! Wir, seine Heerscharen, sind genauso heilig, wie er heilig ist. Nichts Unheiliges kann sich in Jesu Nähe halten oder gar in ihm verbergen. Wenn die Seraphim rufen: „Heilig, heilig, heilig ist der HERR!", dann rufen sie dies Jesus zu. Doch durch die Beifügung des Begriffes „Heerscharen" rufen sie auch uns, den Heerscharen, zu: „Heilig, heilig, heilig!"

Jesus ist der Herr, und wir sind seine Heerscharen. Heilig ist der Herr, und heilig sind auch seine Heerscharen! – Gott sagt: **„Ich bin heilig und ihr sollt heilig sein!"** (3. Mo 19:2; 1. Petr 1:16)

5

Der Kampf des Herrn und seiner Heerscharen

Jesus ist der Herr, und wir sind seine Heerscharen. Er ist der große Apostel! Auf ihn sollen wir schauen (Hebr 3:1). So wie er nur das tat, was er seinen Vater tun sah (Joh 5:19), sollen auch wir nur tun, was wir ihn tun sehen. Und so, wie er nur das sprach, was er seinen Vater reden hörte (Joh 8:26), sollen auch wir nur das sagen, was wir ihn reden hören. Jesus sagte diesbezüglich, daß er uns genau so in die Welt gesandt hat, wie er von seinem Vater in die Welt gesandt wurde (Joh 17:18). – Jesus geht voran, und wir folgen ihm nach. Er sagt, was zu tun und zu reden ist, und wir tun und reden, was er sagt!

Ein Kriegsheer macht, was der Heerführer sagt. Wenn wir tun, was Jesus sagt, dann sind wir in Wahrheit seine Jünger. Ja, er nennt uns dann sogar seine Freunde (Joh 14:22-24; 15:14). Wir müssen uns von Jesus führen lassen und ihm folgen. Tun wir dies, dann gehören wir zu seiner Armee. Diese Armee ist bekleidet mit weißer, reiner Leinwand, welche ein Bild für Gerechtigkeit ist. Unser Heerführer Jesus dagegen hat ein in Blut getauchtes Gewand an. Dieses Gewand zeugt von seinem Blut, das für uns geflossen ist, damit wir nun Gewänder der Gerechtigkeit tragen können. Von dieser Armee und von Jesus als deren Heerführer wird uns durch Johannes berichtet, der sie in einer Vision sah:

Und ich sah den Himmel geöffnet, und siehe, ein weißes Pferd, und der darauf saß, heißt Treu und Wahrhaftig, und er richtet und führt Krieg in Gerechtigkeit. Seine Augen aber sind eine Feuerflamme, und auf seinem Haupt sind viele Diademe, und er trägt einen Namen geschrieben, den niemand kennt als nur er selbst; Und er ist bekleidet mit einem in Blut getauchten Gewand, und sein Name heißt: Das Wort Gottes. Und die Kriegsheere, die im Himmel sind, folgen ihm auf weißen Pferden, bekleidet mit weißer, reiner Leinwand. Und aus seinem Mund geht ein scharfes Schwert hervor, damit er mit ihm die Nationen schlage; und er wird sie hüten mit eisernem Stab, und er tritt die Kelter des Weines des Grimmes des Zornes Gottes, des Allmächtigen. Und er trägt auf seinem Gewand und an seiner Hüfte einen Namen geschrieben: König der Könige und Herr der Herren. (Offb 19:11-16; EB)

Der Herr der Heerscharen ist Jesus! Er reitet auf einem weißen Pferd, und die ihm nachfolgenden Kriegsheere – seine Jünger – reiten ebenfalls auf weißen Pferden. Weiß ist die Farbe, die für Reinheit steht, und Pferde sind ein Bild für kriegerische Gesinnung. Sie stehen zudem für kriegerischen Mut und für kraftstrotzendes Vertrauen, aber auch für furchtloses Handeln – keine Gefahr scheuend (vgl. Hiob 39:19-25).

Durch Jesu Blut gereinigt, folgen Jesu Jünger in Reinheit, mit kriegerischer Gesinnung, mutig, ohne Angst, keine Gefahr scheuend, seinen Wegen. Sie folgen ihm, wohin er auch reitet. Im Vertrauen sehen sie auf ihn, ihren unüberwindbaren Heerführer, der auf dem reinen, weißen, vor Kraft strotzenden Pferd ihnen voran reitet, und tun, was sie ihn tun sehen. So wie er die Völker schlägt, schlagen auch sie die Völker, mit dem grimmigen Zorn Gottes.

Der Tag des Herrn

Der Prophet Joel spricht – wie andere Propheten auch – vom „Tag des Herrn". Er zeigt in seinen prophetischen Ausführungen, daß an diesem Tag Jesus und seine Heerscharen über die Erde ziehen und Gottes Macht offenbaren werden:

Blast das Horn auf Zion und erhebt das Kriegsgeschrei auf meinem heiligen Berg! Beben sollen alle Bewohner des Landes! Denn es kommt der Tag des HERRN, ja er ist nahe: ein Tag der Finsternis und der Dunkelheit, ein Tag des Gewölks und des Wetterdunkels. Wie Morgengrauen ist es ausgebreitet über die Berge, ein großes und mächtiges Volk, wie es von Ewigkeit her nie gewesen ist und nach ihm nie mehr sein wird bis in die Jahre der Generationen und Generationen. Vor ihm her verzehrt das Feuer, und nach ihm lodert die Flamme; vor ihm ist das Land wie der Garten Eden und nach ihm eine öde Wüste. Auch gibt es vor ihm

kein Entrinnen. Sein Aussehen ist wie das Aussehen von Pferden; und wie Reitpferde, so rennen sie. Wie das Rasseln von Kriegswagen (klingt es,) hüpfen sie über die Gipfel der Berge; wie das Prasseln der Feuerflamme, die Stoppeln verzehrt; (sie sind) wie ein mächtiges Volk, zum Kampf gerüstet. Vor ihm zittern die Völker, alle Gesichter erglühen (glühen vor Angst). Wie Helden rennen sie, wie Kriegsleute ersteigen sie die Mauer; und sie ziehen, jeder auf seinem Weg (unentwegt voran), und ihre Pfade verlassen sie nicht; und keiner drängt den anderen, sie ziehen, jeder auf seiner Bahn, und sie stürzen zwischen den Waffen hindurch, (ihr Zug) bricht nicht ab. Sie überfallen die Stadt, rennen auf die Mauer, steigen in die Häuser; durch die Fenster dringen sie ein wie der Dieb.
Vor ihnen erbebt die Erde, erzittert der Himmel; Sonne und Mond verfinstern sich, und die Sterne verlieren ihren Glanz. Und der HERR läßt vor seiner Heeresmacht her seine Stimme erschallen, denn sein Heerlager ist sehr groß, denn der Vollstrecker seines Wortes ist mächtig. Denn groß ist der Tag des HERRN und sehr furchtbar. Und wer kann ihn ertragen? (Joel 2:1-11; EB)

Wer kann den Tag des Herrn ertragen? Wohl nur diejenigen, die *im* Herrn dieses Tages sind. Im 1. Brief an die Thessalonicher, Kapitel 5:1-11, zeigt uns Paulus, daß der Tag des Herrn kommen wird, wie ein Dieb in der Nacht. Er erklärt uns dort, daß wir, die wir an den Namen Jesus glauben, Kinder des Lichtes sind und vor der Finsternis keine Angst haben müssen (Vers 5). Er geht sogar soweit in seinen Ausführungen, daß er uns Kinder des Tages nennt (Vers 8). Dadurch zeigt er uns unmißverständlich, daß die Kinder des Tages am Tag des Herrn offenbar werden und deshalb der Tag des Herrn sind.

Die Kinder des Tages des Herrn sind die Heerscharen Jesu. Sie sind das große Kriegsheer, welches auszieht, um das Land, das wie der Garten Eden aussieht, zu einer Öde und Wüste zu machen. Dieses Heer wird alle menschlich paradiesischen Errungenschaften als wertlos behandeln. Ja, es wird die Werke der Früchte des Baumes der Erkenntnis des Guten und des Bösen, der mit dem Baum des Lebens mitten im Paradies steht (1. Mo 2:9), als nichts betrachten und deshalb vernichten.

Alle Herrlichkeiten dieser Welt, vom menschlichen Stolz hervorgebracht, werden am Tag des Herrn und seiner Heerscharen vergehen. Wenn dies geschieht, werden die Völker und Nationen beben und zittern. Es wird ihnen ergehen, wie es Jesaja vor dem Herrn und seiner Erscheinung erging. Sie werden erzittern, wenn sie den Allmächtigen hoch erhaben auf seinem Thron sitzen sehen und in großer Angst ausrufen: „Wehe uns, wir sind verloren (wir werden vernichtet), denn unreiner Lippen sind wir. Denn unsere Augen haben den König, den Herrn der Heerscharen, gesehen." (vgl. Jes 6:5) – So wie Jesaja es tat, werden auch die Völker und Nationen ihr Entsetzen in der offenbarten Gegenwart des Allmächtigen zum Ausdruck bringen.

Als Jesaja in der Gegenwart des Herrn stand, geschah mit ihm genau das Gegenteil von dem, was er erwartet hatte. Er dachte, aufgrund seiner unheiligen Lippen würde der

Allmächtige ihn vernichten. Dies jedoch tat der Herr nicht. Er sandte einen Seraphim-Engel zu ihm, der seine Lippen mit einer glühenden Kohle vom Altar berührte. Durch diese Anrührung wurden Jesajas Sünden gesühnt und seine Lippen geheiligt. Mit gereinigten und geheiligten Lippen konnte er nun, ohne Angst zu verspüren, vor dem Herrn stehen, seine Gegenwart ertragen und, so denke ich, sogar genießen.

Nun, was hat dieses Erlebnis des Jesaja mit dem Tag des Herrn zu tun? Und eine andere Frage bewegt uns sicherlich noch mehr: Was wird am Tag des Herrn tatsächlich geschehen? Könnte es sein, daß das Weltgeschehen doch einen ganz anderen Verlauf nehmen wird, als bisher von vielen erwartet wurde? Im Folgenden werde ich auf diese Fragen eingehen und sie mit den Worten der Schrift beleuchten.

Wie Jesus in der Welt

Um all unsere Fragen zum Tag des Herrn so gut wie möglich beantwortet zu bekommen, möchte ich noch einmal darauf hinweisen, daß wir von Jesus genau so in die Welt gesandt worden sind, wie er von seinem Vater. Wie wir nun wissen, tat Jesus nur das, was er seinen Vater tun sah, und er sprach auch nur das, was er seinen Vater reden hörte. So wie er von seinem Vater gesandt worden war, um den Willen des Vaters zu tun, hat er nun uns gesandt, um seinen Willen zu tun. Deshalb sagte er: „Wie mich der Vater gesandt hat, so sende ich jetzt euch." (vgl. Joh 20:21) Jesu

Aussage zeigt mir, daß wir jetzt dran sind, zu tun, was wir Jesus tun sehen, und daß wir jetzt sprechen sollen, was wir Jesus reden hören.

Um tun zu können, was Jesus macht, und um reden zu können, was Jesus spricht, benötigen wir allerdings einen Helfer. Dieser Helfer ist der von Jesus gesandte Heilige Geist. Er ist der Herr unser Helfer! Er hilft uns, unseren Blick zu Jesus aufzurichten, damit wir sehen können, was er macht, und er öffnet uns unsere Ohren, um hören zu können, was Jesus sagt. Doch nicht nur das, er hilft uns sogar, zu tun, was wir Jesus tun sehen, und er bewirkt, daß wir reden können, was Jesus spricht.

Von Jesus heißt es sowohl im Brief an die Kolosser als auch im Hebräerbrief, daß er das Ebenbild des unsichtbaren Gottes ist, der Abglanz der Herrlichkeit seines Vaters (Kol 1:15; Hebr 1:3). Aber nicht nur Jesus ist das sichtbare Ebenbild des unsichtbaren Gottes, sondern auch wir, sein Leib. Diese Erkenntnis beflügelte Johannes, in einem seiner Briefe zu schreiben: **„Hierin ist die Liebe bei uns vollendet worden, daß wir Freimütigkeit haben am Tag des Gerichts, denn wie er ist, sind auch wir in dieser Welt.“** (1. Joh 4:17; EB).

Wie Jesus ist, so sind nun wir in dieser Welt. Durch Christus in uns ist es uns möglich, den unsichtbaren Gott – Jesus Christus – zu reflektieren. Dies tun wir, wenn wir uns mit Christus für gestorben betrachten und mit Paulus sagen: „Ich lebe, doch nicht mehr ich, sondern Christus lebt in mir.“ (vgl. Gal 2:19+20)

Durch Christus in uns können wir in der natürlichen Welt tun, was wir Jesus in der geistlichen Welt tun sehen. – Unser Bild in einem Spiegel reflektiert unsere Bewegungen, die wir vor dem Spiegel tun. Und so wie unser Spiegelbild sollen wir uns – nach der geistlichen Vorgabe Christi – in der sichtbaren Welt bewegen.

Gott schuf sich den Menschen zum Ebenbild (1. Mo 1:27). Als Adam und Eva jedoch von der verbotenen Frucht aßen, wurde diese Ebenbildlichkeit zur Karikatur. Sie konnten ihren Schöpfer, so wie er ist, nicht mehr in vollem Maß reflektieren. Die Substanz der Frucht vom Baum der Erkenntnis des Guten und des Bösen – die Sünde – verselbständigte sie in ihrem Wesen und führte sie derart in Selbstherrlichkeit, daß sie und ihre Nachkommenschaft (damit sind auch wir gemeint) nur noch den Wunsch hegen konnten, sich selbst darzustellen. Adam, Eva und alle ihre Nachkommen mußten tun, was die Sünde forderte. Allerdings war ihnen dies nicht bewußt, denn jeder glaubte, daß das, was er tat, in Ordnung und aus einer guten Motivation entsprungen sei. Um sich selbst ein gutes Gewissen zu geben, schrieben sie sich Gesetze, die ihnen zu tun erlaubten, was sie selber gerne tun wollten.

Stell dir einmal vor, daß du in einen Spiegel schaust und dann siehst, wie dein Spiegelbild etwas anderes macht, als du vor dem Spiegel tust. Was würdest du denken, wenn dies passieren würde? – Genau das geschah als Adam und Eva von der verbotenen Frucht aßen. Sie verselbständigten sich, reflektierten sich selbst und nicht mehr ihren Schöpfer, der in sie wie in einen Spiegel hineinschaute. Die Substanz der verbotenen Frucht bewirkte, daß sie und alle ihre Nachkommen tun mußten, was der Teufel wollte. In Wahrheit konnten sie nicht mehr tun, was sie selbst wollten. Sie mußten tun, wozu die Sünde sie zwang.

Die Substanz der verbotenen Frucht ist die Sünde. Mit dieser ließen sich Adam, Eva und alle ihre Nachkommen ein und wurden zu Sündern. Sünder müssen tun, was die Sünde verlangt. Sie müssen tun, was sie die Sünde tun sehen und sprechen, was die Sünde sagt. Sie sind dazu verdammt, verkehrte Dinge zu reden und verkehrte Wege zu gehen, selbst wenn sie erkennen, daß diese zum Tod führen, sie aber gerne den Weg des Lebens gehen wollen. – In dieser Situation befinden sich alle Menschen, die Jesu stellvertretenden Tod am Kreuz zu ihrer Erlösung von der Sünde noch nicht angenommen haben.

Jesus sagt, daß, wer Sünde tut, der Sünde Knecht ist (Joh 8:34). Dies sagt mir, daß Sünder nach dem handeln müssen, was der Geist der Sünde, welcher der Geist dieser Welt ist, ihnen vorschreibt (Joh 8:44). Sünder sind in dieser Welt, wie der Teufel ist. Wir dagegen, die wir Jesus Christus angehören und durch sein Blut von der Macht der Sünde erlöst worden sind, sind in dieser Welt, wie Jesus ist. Allerdings muß das, was wir sind, noch in seinem Vollmaß sichtbar werden. Damit dies geschehen kann, ist uns von Jesus der Heilige Geist als Helfer gesandt worden. Er zeigt uns, wer wir in Christus sind, und wer Christus in uns ist. Auch zeigt er der Welt durch uns: Jesus Christus ist der Herr über alles, der Sohn des unsichtbaren und allmächtigen Gottes.

Grimm auf den Lippen und verzehrendes Feuer auf der Zunge

Jetzt, nachdem wir erkannt haben, oder uns wieder bewußt geworden ist, daß Jesus in uns ist, und wir in ihm sind, und uns klar wurde, daß, so wie er ist, jetzt wir in dieser Welt sind, möchte ich aufzeigen, welche praktischen Konsequenzen diese Erkenntnis in bezug auf geistliche Kriegsführung hat.

Gottes Propheten sprachen zur Zeit des Alten Testamentes Gerichtsworte über die Völker, die Israel Schaden zufügten. So auch über die Assyrer, die das Volk Israel besonders demütigten. Die Assyrer siegten nicht nur über die zehn Stämme Israels, sondern verschleppten diese noch zusätzlich nach Assyrien in die Gefangenschaft, um sie dort zu binden. Weil Assyrien sich derart verhielt, können wir über den Geist Assyriens sagen, daß er der Helfer Satans ist. Er führt nicht nur Krieg gegen uns Menschen, sondern noch zusätzlich knechtet er jene, über die er gesiegt hat. Er hält sie in der Sklaverei der Sünde gebunden. Weil Gott jedoch die Menschen frei von Sünde und Gebundenheit sehen will, versprach er durch den Mund des Propheten Jesaja Hilfe. Auf welche Weise er helfen und wie er gegen diesen assyrischen Geist angehen will, lesen wir in Jesajas Prophetien:

> **Siehe, des HERRN Name kommt von ferne! Sein Zorn brennt, und mächtig erhebt er sich, seine Lippen sind voll Grimm und seine Zunge wie ein verzehrendes Feuer. Und sein Odem wie eine Wasserflut...**
> (Jes 30:27+28)

Das Lied werdet ihr (auf den Lippen) haben wie in der Nacht, in der das Fest gefeiert (der Reigentanz geheiligt) wird, und Freude im Herzen wie der, der unter Flötenspiel hinaufzieht, um auf den Berg des HERRN zu kommen, zum Felsen Israels. Dann wird der HERR hören lassen die Hoheit seiner Stimme und sehen lassen das Niederfahren seines Armes mit wütendem Zorn und einer Flamme verzehrenden Feuers, (unter) Platzregen und Wolkenbruch und Hagelsteinen. Ja, von der Stimme des HERRN wird Assur zerschlagen (niedergeschlagen), wenn er mit dem Stock dreinschlägt. Und es wird geschehen, jeder Hieb der Zuchtrute (Rute der Anordnung), die der HERR auf es niedersausen läßt, (erfolgt) unter Tamburin- und Zitherspiel. Und mit geschwungenem Arm wird er gegen es kämpfen. (Jes 30:29-32; EB)

Gottes Gericht über den Geist Assyriens erfolgt im Lobpreis seines Volkes. Unter Tamburin- und Zitherspiel läßt er seinen Stock auf den Helfer Satans niedersausen. Dabei brennt sein Zorn derart, daß er in seinem Eifer mit Grimm auf den Lippen und mit verzehrendem Feuer auf der Zunge gegen diesen bösen Geist angeht.

Wenn wir diese Zeilen in der Schrift des Jesaja lesen, dann können wir erkennen, mit welcher Stimmung der Vater Jesu Christi den Mächten der Finsternis gegenübertritt, und was er gedenkt, gegen sie zu unternehmen. Jesus, der mit seinem Vater völlig eins ist, steht im selben Zorn gegen diese an Sünde bindenden Mächte. Und weil sich Jünger Jesu mit Jesus identifizieren, stehen auch sie gegen Assur mit Grimm auf den Lippen und verzehrendem Feuer auf der Zunge. Sie tun, was sie Jesus tun sehen, genauso wie Jesus, der nur macht, was er seinen Vater tun sieht.

Wir tun, was wir Jesus tun sehen. Wenn wir Jesus aus der Ferne kommen sehen (vgl. Jes 30:27), dann gehen wir ihm aus der Ferne entgegen. Wir nahen uns ihm! Und weil wir uns ihm nahen, naht er sich zu uns, so daß eine Begegnung und Einigung im Geist herbeigeführt wird (vgl. Jak 4:8).

Wir nahen uns Jesus, wenn wir tun, was er uns sagt. Doch um zu erfahren, was er uns sagt, müssen wir in seinem Wort lesen und der Predigt seines Wortes zuhören. Der Glaube, der die Tat hervorbringt, kommt aus der Predigt, und die Predigt durch das Wort Gottes (Röm 10:17). Wenn wir Jesus durch sein Wort begegnen und ihn kennenlernen, dann kann der Heilige Geist uns zeigen, was Jesus in den jeweiligen Momenten sagt und macht, damit wir tun können, was wir ihn tun sehen und sprechen können, was wir ihn reden hören.

Es wird Zeiten geben, in denen wir – in der Gemeinschaft mit dem Heiligen Geist – Jesus von ferne kommen sehen, so wie es uns Jesaja in dem oben zitierten Vers gesagt hat. Wenn wir ihn sich uns so nahen sehen, werden wir erkennen, daß sein Zorn brennt, und er sich mächtig erhebt. Wir werden wahrnehmen, daß seine Lippen voll Grimm sind, und seine Zunge wie ein verzehrendes Feuer ist.

Wie kam der Heilige Geist zu Pfingsten, fünfzig Tage nach der Auferstehung Jesu? Er kam von ferne, mächtig und brausend! Er kam brüllend, wie ein zornig wütender Wind!

Und er kam mit Feuer! Als er kam, setzte er sich auf die Jünger Jesu und erfüllte sie mit seiner Gegenwart (vgl. Apg 2:1-4).

In der Art und Weise wie der Heilige Geist sich mitteilt, genauso offenbart sich Jesus. Der Heilige Geist macht, was er Jesus tun sieht, und spricht, was er Jesus reden hört (vgl. Joh 16:13-15), und er öffnet uns die Augen für das Wirken Jesu. Als der Heilige Geist brüllend, wie ein wütender Wind und mit Feuerflammen zu den Jüngern kam, konnten diese sehen, was Jesus macht. Und weil sie unter der Leitung des Heiligen Geistes standen, konnten sie nun auch tun, was sie Jesus tun sahen. – Sie begannen, laut in anderen Zungen zu beten und starteten mit diesen Zungen ein lautes Getöse auf der Straße (Apg 2:6).

Als die Jünger Jesu mit dem Heiligen Geist erfüllt wurden, fingen sie an zu tun, was sie Jesus tun sahen. Sie erhoben sich wie er, wurden zornig wie der brüllende Heilig-Geist-Wind und begannen, mit Grimm auf den Lippen und verzehrendem Feuer auf der Zunge in anderen Sprachen zu sprechen. Ich glaube nicht, daß sie auf ihren Stühlen sitzen geblieben waren, als der Heilige Geist zu ihnen kam und ihnen diesen gewalttätigen Wesenszug Jesu zeigte. Auch glaube ich nicht, daß sie in anderen Zungen schwach und kaum hörbar zu beten begannen, wie das heute in vielen charismatischen Gemeinden und Pfingstgemeinden üblich ist, sondern stark und gewalttätig wie der zornig, brüllende Wind – so wie der Heilige Geist es ihnen vormachte.

Ich glaube, daß die Jünger Jesu kriegerischen Lobpreis erhoben und aufstanden, als der Heilige Geist auf sie kam. Sie erhoben sich, weil sie Jesus hoch erhoben sahen, und beteten wie er, mit Grimm auf den Lippen und mit verzehrendem Feuer auf der Zunge, so wie es der Geist Gottes ihnen gab auszusprechen. Sie beteten in dieser Art und Weise gegen den Helfer Satans (Assur – die Sünde), wie sie Jesus gegen ihn beten sahen.

Als die Jünger Jesu mit Grimm auf den Lippen und mit verzehrendem Feuer auf der Zunge zornig, wie ein brüllender Wind beteten, kam der Odem des Herrn wie eine Wasserflut aus ihnen hervor (vgl. Jes 30:28). In der Gewalt dieses Stromes wurden die bösen, religiösen Mächte der Finsternis, die sich in Jerusalem gegen den Herrn und seinen Christus versammelt hatten, einfach weggeschwemmt. Was dann geschah wünschen wir uns auch für heute, in unseren Dörfern, Städten, Regionen und Ländern: Erwekkung! Dreitausend Menschen wurden durch die „Wasserflut" des Odems Jesu und die Predigt des Petrus in das Reich Gottes hineingeschwemmt.

Unser Gott ist ein verzehrendes Feuer (Hebr 12:29). Die Lippen Jesu sind zu bestimmten Zeiten voll Grimm und seine Zunge wie ein verzehrendes Feuer. Jesaja schreibt an anderer Stelle, daß Jesus mit Feuer wiederkommen wird und daß seine Wagen wie ein Wetter sind, um im Grimm seines Zorns und mit Schelten in Feuerflammen die ganze Erde zu richten (Jes 66:15+16).

Wenn Jesus wiederkommt, wird er durch das Feuer seines Geistes die ganze Erde richten. In diesem Gericht schlägt sein Schwert – sein Wort – gegen alles Fleisch, damit es getötet werde und vergehe. Mit Fleisch ist nun nicht unser Körper gemeint, sondern unser ungöttliches Wesen, welches durch die Sünde den Tod verdient hat. Er will nicht, daß unsere Leiber vernichtet werden oder unsere Seelen verlorengehen und zur Hölle fahren. Jesus will, daß wir leben! Aber um zu leben müssen wir den Tod unseres fleischlichen Wesens zulassen, was nichts anderes heißt, als die Errettung durch Jesus Christus im Glauben anzunehmen und seinem Wort Folge zu leisten. Paulus drückt dies so aus: **„Ich bin mit Christus gekreuzigt. Ich lebe, doch nun nicht ich, sondern Christus lebt in mir."** (Gal 2:19+20)

Jesus hat am ersten Pfingsttag seine Jünger mit dem Heiligen Geist erfüllt und ihnen durch diesen seine Worte, mit Feuer gewürzt, in den Mund gegeben. Das Feuer dieser Worte verzehrte ihr fleischliches Wesen und vernichtete in ihnen die Festungen der Mächte der Finsternis. Wenn wir heutigen Jünger Jesu im Heiligen Geist, in den von ihm gegebenen Zungen beten, dann geschieht in uns dasselbe, wie in den damaligen Jüngern Jesu: Wir werden freigesetzt, gestärkt und auferbaut. Die vom Heiligen Geist gegebenen Zungen richten sich einerseits gegen unser Fleisch und andererseits gegen die geistlichen Mächte und Gewalten der Bosheit, gegen die Fürstentümer der Finsternis und gegen die Dämonen unter dem Himmel. In den Worten des Geistes ziehen wir mit Jesus gegen diese Feinde und gegen alles, was sich gegen die Erkenntnis Gottes erhebt. Dies geschieht mit Grimm auf den Lippen und verzehrendem Feuer auf der Zunge.

Weil Jesus in seinen Gebeten nicht emotionslos ist, sind wir dies auch nicht. Als Beispiel hierfür berichtet Hebräer 5:7 davon, daß Jesus mit lautem, starkem Geschrei und Tränen betete.

Voller Zorn und brennend in der Glut seines Feuers, gewaltsam, wie ein brüllender, wütender Wind, mit Grimm auf den Lippen und verzehrendem Feuer auf der Zunge zieht Jesus gegen den Teufel und seine Mächte. In dieser Weise ergrimmte er im Geist auch gegen den Tod, als er Lazarus auferwecken wollte (Joh 11:33). Und weil er in diesem Gebet gegen seine und unsere Feinde zieht, ziehen wir genauso mit ihm gegen diese Feinde. Wir kommen gegen jeden gottlosen Geist, gegen alle Lügner und Übeltäter, die uns in Sünde führen, durch diese schwächen und in Schwächen gebunden halten wollen.

Allerdings wirst du Jesus nicht gegen seine Feinde ziehen sehen, mit Grimm auf den Lippen und mit verzehrendem Feuer auf der Zunge, wenn dir dies noch nicht offenbart wurde. Doch jetzt hast du darüber gelesen und diesbezüglich Einsicht erlangt. Nun wird es geschehen, daß du Jesus in gewissen Situationen in dieser kriegerischen Art und Weise beten siehst. Wenn du dies wahrnimmst, dann solltest du genauso beten, um die bösen Umstände zum Guten Gottes zu verändern.

Wofür und wogegen betest du, wenn du wie Jesus zornig, mit Grimm auf den Lippen und mit verzehrendem Feuer auf der Zunge betest? Gegen die Menschen? Nein! Du betest mit Jesus gegen die Mächte und Gewalten, gegen die Fürstentümer der Finsternis und gegen die bösen Geister, die unter dem Himmel ihr Unwesen treiben (vgl. Eph 6:12)! Wenn du dies in Übereinstimmung mit Jesus tust, wird die

Atmosphäre frei werden von diesen bösen Mächten und deren Verunreinigung. Das Resultat wird sein, daß das Wort Gottes zu den Herzen der Menschen gelangen kann. – Wenn du gegen die Mächte der Finsternis in dieser Art des Gebetes stehst, dann betest du für die Menschen.

Wenn wir Jesus zornig, mit Grimm auf den Lippen und verzehrendem Feuer auf der Zunge beten sehen und mit ihm zusammen in der Art beten, dann werden die Menschen dies in angenehmer Weise zu spüren bekommen. „Himmelsluft" wird in die Stadt, in die Region und in das Land einziehen. Die Menschen werden von dieser Atmosphäre des Himmels überwältigt, so daß sie kommen und uns zuhören. Sie werden offene Ohren für das Wort des Evangeliums haben und glauben, was Jesus ihnen durch uns sagt. Nichts anderes geschah zu Pfingsten, als sich allein durch die Predigt des Petrus dreitausend Menschen zu Jesus wandten!

Paulus fragt: „Wie sollen die Menschen glauben, wenn ihnen nicht gepredigt wird?" (vgl. Röm 10:14) Nun, wir, denen die Lippen durch das Feuer vom Altar gereinigt und geheiligt wurden, sind gesandt, ihnen das Wort Gottes zu predigen. Um dies effektiv tun zu können, müssen wir durch Gebet in anderen Sprachen mit Grimm auf den Lippen und mit verzehrendem Feuer auf der Zunge die Atmosphäre von den bösen Mächten befreien und reinigen, so wie die Apostel Jesu es taten. Sie beteten durch die Erfüllung mit dem Heiligen Geist in dieser Art und Weise, noch bevor sie das Wort Gottes zu den in Jerusalem versammelten Menschenmassen kühn, stark und furchtlos predigten.

Stark geworden im Kampf

Paulus schrieb Timotheus, daß er den guten Kampf des Glaubens kämpfen solle (1. Tim 6:12). Und den Ephesern teilte er mit, daß sie zu kämpfen hätten, nicht gegen Fleisch und Blut, sondern gegen Mächte und Gewalten, gegen Fürstentümer der Finsternis, gegen die bösen Geister unter dem Himmel (Eph 6:12). So mancher mag fragen: „Warum kämpfen, wenn Jesus doch schon alles vollbracht hat und am Kreuz über Sünde, Tod und Teufel siegte und triumphierte? – Nun, einerseits haben wir zu kämpfen, weil der Sieg Jesu für alle Welt sichtbar werden soll, und andererseits sollen wir durchs Kämpfen stark werden. Wir sollen in Stärke gelangen, damit die Herrlichkeit des Sieges Jesu Christi durch uns offenbar wird.

Wenn wir Jesus im Kampf gegen die Mächte der Finsternis stehen sehen, zornig, mit Grimm auf den Lippen und verzehrendem Feuer auf der Zunge, dann sollen wir genau das tun, was wir ihn tun sehen. Wenn wir mit ihm gegen diese Mächte in den Kampf ziehen, dann muß uns bewußt sein, daß wir in seinem Sieg kämpfen und durch unsere Gebete offenbaren, was er bereits vollbracht hat. Wir werden in diesen Kämpfen des Glaubens stark werden und durch die gewonnene Stärke größeren Einfluß über die Dörfer, Städte, Regionen und Länder gewinnen. Wir werden in der Kraft des Heiligen Geistes die unrechtmäßige Herrschaft der Mächte der Finsternis binden und das Feld einnehmen, selbst wenn die Dämonenfürsten sich wehren und sich über längere Zeit im Widerstand halten können. Der Hebräerbrief-Schreiber zeigt uns, daß die Glaubenden im Kampf standen und durch ihr Kämpfen erlangten, wonach sie trachteten, wenn sie im Glauben nicht nachließen. Über die Glaubenden heißt es dort:

> **...die durch Glauben Königreiche bezwangen, Gerechtigkeit wirkten, Verheißungen erlangten, der Löwen Rachen verstopften, des Feuers Kraft auslöschten, des Schwertes Schärfe entgingen, aus der Schwachheit Kraft gewannen, im Kampf stark wurden, der fremden Heere zurücktrieben.** (Hebr 11:33+34; EB)

Nach all dem, was uns in Hebräer 11 über die Glaubenden gesagt wird, heißt es, daß die Glaubenden aus der Schwachheit zu Kräften kamen und stark wurden im Kampf. Erst danach steht geschrieben, daß sie fremde Heere in die Flucht schlugen (Vers 34).

Der Glaube an das Wort Gottes führt aus Schwachheit in Kraft. In dieser Kraft des Glaubens gelangen die Glaubenden in ihrer Nachfolge Jesu durch geistliche Kriegsführung gegen die Mächte der Finsternis in noch größere Stärke. Und wer in diesem Kampf stark geworden ist, wird mit Jesus die fremden Heere in die Flucht schlagen. Diese Heere sind Dämonenvölker über den Nationen.

Wenn die fremden Heere in die Flucht geschlagen worden sind, dann ist die Atmosphäre über den Nationen frei geworden, und Jesus kann verkündigt werden. Als Ergebnis werden viele tausend Menschen, ja ganze Königreiche – Nationen – zum Glauben an ihn gelangen.

Allerdings ist der Kampf noch nicht zu Ende, wenn die Dämonenvölker fliehen. Ihnen muß nachgejagt werden, damit sie total aufgerieben und gebunden, für immer kampfunfähig werden. David sagt uns in Psalm 18, daß er seinen Feinden nachjagte, nachdem der Sieg des Herrn offenkundig wurde. So wie er es unter der Leitung der Hand Gottes tat, sollen auch wir es tun. David kehrte nicht eher um, bis er seine Feinde umgebracht, zerschmettert und sie unter seine Füße gebracht hatte (Ps 18:38+39), sie in Ketten und eherne Fesseln gelegt und das schon aufgeschriebene Strafgericht an ihnen vollzogen hatte (Ps 149:8+9).

Jesus treibt durch unseren Widerstand gegen die Feinde diese in die Flucht. Und wenn wir ihnen im Gebet nachjagen, werden sie unter unsere Füße fallen. Unter unsere Füße gefallene Feinde sind unter die Füße Jesu gefallene Feinde, denn wir sind Glieder an seinem Leib (vgl. Eph 1:22+23). David sagt sogar, daß er seine Feinde vor dem Wind zu Staub zerstoßen will, damit sie wie Spreu von diesem verweht werden, und daß er sie wie Unrat behandeln will, den man auf die Straße schüttet (vgl. Ps 18:40-43).

Lobpreis und Kampf

Unser Kampf ist ein geistlicher Kampf. Wir kämpfen nicht gegen Menschen, nicht gegen Fleisch und Blut. Dieser Kampf richtet sich gegen die geistlichen Mächte der Bosheit. Um den Kampf gegen diese Mächte zu gewinnen, müssen wir ihn nach der Anleitung des Wortes Gottes führen. Wenn wir dies tun und auf den Wegen seines Wortes gehen, werden wir in Jesus als Sieger offenbar und die Mächte der Finsternis als Verlierer, die von uns gebunden und völlig handlungsunfähig gemacht wurden. Über diesen Weg des Kampfes gegen die Mächte der Finsternis und unseren Sieg über sie steht in Psalm 149 geschrieben:

Halleluja! Singt dem HERRN ein neues Lied, sein Lob in der Gemeinde der Frommen! Israel freue sich seines Schöpfers! Die Kinder Zions sollen frohlocken über ihren König! Loben sollen sie seinen Namen beim Reigen, mit Tamburinen und Zither sollen sie ihm spielen! Denn der HERR hat Wohlgefallen an seinem Volk. Er schmückt die Demütigen mit Heil! Die frommen sollen jubeln in Herrlichkeit, jauchzen sollen sie auf ihren Lagern! Lobpreis (eigentlich: Lobeserhebungen) Gottes sei in ihrer Kehle und ein zweischneidiges Schwert in ihrer Hand, um Rache zu vollziehen an den Nationen, Strafgerichte an den Völkerschaften, um ihre Könige zu binden mit Ketten, ihre Edlen mit eisernen Fesseln, um das (schon) aufgeschriebene Gericht an ihnen zu vollziehen! Das ist Ehre für alle seine Frommen. Halleluja! (Ps 149:1-9; EB)

Jesus regiert im Lobpreis seines Volkes (Ps 22:4). Durch unseren Lobpreis – unsere Lobeserhebungen – werden die Dämonenvölker über den Nationen in der Autorität des Namens Jesu bezwungen und deren Fürsten in Ketten und eiserne Fesseln gelegt. Wenn wir Jesus preisen, vollzieht Gott seine Rache an den Nationen. Wie wir noch sehen werden, ist seine Rache an ihnen allerdings nichts anderes, als sein Feuer, das sie erfassen, reinigen und heiligen wird. Seine Rache heißt Rettung! – Er rächt sich an den Nationen, indem er sie rettet, reinigt und heiligt.

Im Folgenden zeige ich nun, wie dieser geistliche Kampf im Lobpreis zu führen ist. Die wichtigste Voraussetzung für diesen Kampf ist natürlich, daß wir nicht ohne Jesus in diesen Krieg ziehen. Er, der Herr der Kriegsscharen, muß diesen Kampf anführen. Und wir, die wir an seinen Namen glauben, müssen ihm als seine Kriegsscharen nachfolgen. Der Kampf beginnt, wenn wir Jesus loben und preisen. Und wenn wir ihn mit seinem Lob erheben, zieht er mit uns, als unser Heerführer in diesen Krieg gegen die Mächte der Bosheit, die seit seinem Tod und seiner Auferstehung, über den Nationen herrschen, ohne eine Berechtigung dafür zu haben.

Ich erinnere noch einmal an die Erkenntnis, daß wir nur tun und reden sollen, was wir Jesus tun sehen und reden hören! Nun, im Folgenden werde ich uns aufzeigen, was Jesus macht, wenn wir ihn preisen. Sobald wir sehen, was er tut, sollen wir es ihm nachmachen.

Psalm 149:6 lautet in der rev. Elberfelder Bibelübersetzung:

Lobeserhebungen Gottes seien in ihrer Kehle...

In der Lutherbibel heißt es dort:

Ihr Mund soll Gott erheben...

Unser Mund soll Gott erheben! Wenn wir Jesus loben und preisen, dann erheben wir ihn. Lobpreis erhebt unseren Gott. Wir können dies auch so ausdrücken: Wenn wir Jesus mit unseren Mündern Lob und Preis geben, dann erhebt er sich! Und wenn wir sehen, wie Jesus sich erhebt, dann müssen auch wir uns erheben! Im Lobpreis fließt die aufbauende Kraft Gottes zu uns, so daß wir uns in dieser wie Jesus erheben können.

In einer Jesaja-Schriftstelle wird uns dann gesagt, wie es weiter geht, wenn wir uns mit Jesus im Lobpreis zum geistlichen Kampf erhoben haben:

> **Der HERR zieht aus wie ein Held, wie ein Kriegsmann kommt er in Eifer, laut erhebt er das Kampfgeschrei, zieht wie ein Held gegen seine Feinde.**
> **Ich schwieg wohl eine lange Zeit, war still und hielt an mich. Nun aber will ich schreien wie eine Gebärende, ich will laut rufen und schreien.** (Jes 42:13+14)

In einer älteren Lutherübersetzung steht am Anfang von Vers 13: **„Der Herr steht auf wie ein Riese!"** Wenn Jesus durch den Lobpreis unserer Kehlen wie ein Riese aufsteht, dann werden auch wir uns wie ein Riese erheben können, und alle Welt wird erkennen, daß seine Leute keine kleinen Grashüpfer sind!

Um wie ein Held ausziehen zu können, muß man aufstehen. Erst wenn Jesus wie ein Riese aufgestanden ist, zieht er aus wie ein Held (Jes 42:13). Der Herr ist der Held, er geht voran. Und wir seine Heerscharen sind die Helden, die ihm nachfolgen.

Wenn wir in den Lobeserhebungen seines Namens fortfahren, dann kommt Jesus wie ein Kriegsmann in Eifer, wird das Kampfgeschrei erheben und wie ein Held gegen seine Feinde ziehen (Jes 42:13). Wenn Jesus in Eifer gelangt, dann kommen auch wir in Eifer. Unser Lobpreis wird in diesem Eifer lauter, stärker und wilder. In diesem Eifer werden wir den Gipfel des Lobpreises erreichen. Wir werden brüllen und wie Jesus das Kriegsgeschrei erschallen lassen. Sobald dies geschieht, ziehen wir mit ihm wie die Helden in anderen Sprachen betend, zornig, mit Grimm auf den Lippen und verzehrendem Feuer auf unserer Zunge (vgl. Jes 30:27) gegen die sich über den Nationen befindlichen Feinde, die Mächte und Gewalten, die Fürstentümer der Finsternis und die Dämonenvölker (vgl. Eph. 6:12).

In der Kraft dieses Kampflobpreises werden die Mächte der Bosheit über den Territorien wie Spreu vom Wind verweht (Ps 1:4) und in Ketten und in eherne Fesseln gelegt (vgl. Ps 149:7-9). Das Ergebnis wird sein, daß der Odem des Herrn wie eine Wasserflut kommt (Jes 30:28). Wie zur Zeit der ersten Ausgießung des Heiligen Geistes werden durch die Predigt des Wortes viele Menschen für den Glauben an Jesus Christus gewonnen und in das Reich Gottes mitgerissen werden (Apg 2:1f.).

Der Herr schwieg eine lange Zeit, war still und hielt an sich (Jes 42:14). Er wartete auf seine Gemeinde, daß sie hervorkomme und aus ihrer gähnenden Langeweile trete. Dies geschah jedoch nicht, sie ließ sich nicht durch gute Worte aus ihrer religiösen Haltung bewegen. Je länger er wartete, desto mehr taten sie, was ihnen in ihren eigenen

Augen als gut und richtig erschien. Selbständigkeit und Individualität waren in der Gemeinde Jesu angesagt. Als Ergebnis solch eines Eigensinns machte sich in der Gemeinde Kraft- und Leblosigkeit breit. Niemand hatte mehr Lust am Wort Gottes. Die Kirchen und Gemeinden wurden zu Karikaturen von dem, was sie eigentlich sein sollten, so daß der Glaube an Jesus Christus von Außenstehenden als lebensfeindlich angesehen wurde. Gott betrachtete man als Langweiler, und deshalb wurde er verachtet. – Jetzt aber kann Jesus nicht länger über diesen Zustand schweigen und sich zurückhalten. Er hat genug von seiner, sich selbst verwirklichenden und verselbständigenden Gemeinde. Er hat genug von ihrer selbst ernannten Frömmigkeit und Religiosität. Deshalb hält er nicht länger an sich und schweigt auch nicht mehr. Jetzt schreit er wie eine Gebärende. Er ruft laut und schreit! Jetzt ist auch die Zeit, in der er gegen die verbreiteten Lügen, über sich und das, was er getan hat, durch geistliche Kriegsführung im Lobpreis angeht.

Jesus schwieg wohl eine lange Zeit, mußte jedoch während dieser Zeit an sich halten und schweigen. Er wäre nicht verstanden worden, wenn er sich vor der Zeit durch seine Propheten in ungewöhnlicher Art und Weise geäußert hätte. Jetzt aber ist die Zeit gekommen, in der er Offenbarung über sein Schreien und über sein lautes Rufen geben kann. Nun hält er nicht länger an sich. Er selbst schreit wie eine Gebärende, ruft laut und schreit! Wer ihn dies tun sieht und seine Verhaltensweisen diesbezüglich versteht, steigt in dieses prophetisch tönende Gebet mit ein und sorgt dafür, daß der Wille Jesu offenkundig wird. Als Ergebnis wird geistliches Leben geboren werden, welches in die Gemeinde fließen wird, damit die herrliche Freiheit der Kinder Gottes sichtbar werden kann.

Jesus schreit heute durch seine Propheten wie eine Gebärende – in den Kirchen und Gemeinden in Deutschland. Die Zeit, in der er dies nur in den Kirchen und Gemeinden anderer Länder tat, ist vorbei.

Jesus will, daß in Deutschland nicht nur einige Menschen für ihn gewonnen werden. Er will, daß die ganze Nation ihn erkennt und ihm nachfolgt. Ganz Deutschland soll Jesus erkennen, gerettet und zu seinem Jünger gemacht werden. Das ist der Wille Gottes. Damit dies geschehen kann, benötigen wir unbedingt das Leben Jesu in unseren Gemeinden. Wie wir wissen, wird dieses nur durch Gebet hervorgebracht. Und weil es nicht nur eine Gebetsart gibt, sollten wir danach trachten, alle Gebetsarten kennenzulernen und uns in diesen bewegen zu können, damit das ganze Leben Jesu zu uns gelangt. Wenn wir prophetisch beten und schreien wie eine Gebärende, pressen und rufen, dann gebären wir in die Gemeinde Leben aus Christus, und Christus wird durch unser Leben an Gestalt gewinnen. Wenn wir zornig in Zungen beten, mit Grimm auf den Lippen und mit verzehrendem Feuer auf der Zunge, dann wird in der Atmosphäre die herrliche Gegenwart Gottes offenbar. Wenn wir uns allerdings nicht in diese prophetischen Gebetsarten hinein bewegen, wird in unseren Gemeinden nur wenig Leben aus Jesus gesehen und erlebt werden, und es wird auch kein Freiraum in der Atmosphäre über Deutschland geschaffen werden können, um Deutschland als Nation für Jesus zu gewinnen.

Dort, wo diese oben benannten prophetischen Gebetsarten praktiziert werden, gibt es bereits Freiräume in der Atmosphäre. Jesus möchte jedoch nicht nur, daß hier und da sein Licht durch das Geicht durch das Gewölk der Finsondern er will vielmehr, daß es für ganz Deutschland licht wird. Er will, daß jeder seiner Jünger sich in allen Arten des Gebets zu bewegen weiß, was nichts anderes heißt, als mit allen „heiligen Wassern" gewaschen zu sein. Er will, daß wir als seine Boten ohne Einschränkung jedes Gebet zu beten verstehen, um in Kraft und Reinheit sein Wort verkündigen zu können. – Allen Völkern soll das Evangelium verkündigt und alle Nationen sollen zu Jüngern gemacht werden (Mk 16:15; Mt 28:19).

Jesus will die Nationen heilen, nicht zerstören! Wer aus den Nationen allerdings nicht die Herrschaft Jesu anerkennen will und weiterhin mit den Mächten der Finsternis zusammen gegen Gottes Herrschaft kooperiert und ankämpft, wird keinen Bestand haben. Er wird, wie es bereits der Prophet Sacharja vorausgesagt hat (Sach 14), mit ihnen vergehen und wie Spreu vom Wind verweht werden (Ps 1:4+5).

6

Gottes Rache an den Nationen – sein Strafgericht an den Dämonenvölkern

Was ich jetzt mitteile, ist für mich selbst noch eine relativ neue Erkenntnis. Ich war überrascht über die folgenden, mir zuteil gewordenen Einsichten, da ich bisher andere Gedanken über Gott und sein Strafgericht hatte, welches er über die Völker und Nationen ausschütten will. Ich sah vor meinem inneren Auge – in bezug zur Rache Gottes an den Nationen – bisher immer deren Vernichtung und nicht Jesu Gnade für sie. Mir stellte sich die Frage, die Jesus nicht unbeantwortet ließ: Wie soll Jesu Auftrag verwirklicht werden, die Nationen zu Jüngern zu machen, wenn sie durch sein Strafgericht vernichtet werden? – Er gab mir Offenbarung und änderte meine Gedanken. Nachdem sich meine Sicht über das Strafgericht Gottes an den Völkern und Nationen geändert hatte, ermutigte mich der Heilige Geist, meine neuen, von ihm gegebenen Erkenntnisse in diesem Buch mitzuteilen. Die Grundlage für meine dargelegten Gedanken ist das Wort Jesu an seine Nachfolger, welches ich schon zuvor des öfteren zitierte: **„Gehet hin und macht zu Jüngern alle Nationen!"** (Mt 28:19; EB) – Mir wurde bewußt: Gott der Herr, der die

Nationen hervorgebracht hat, will deren Rettung, nicht deren Vernichtung. Er will sie jüngern und unter die Regierung seines Sohnes Jesus stellen! Schon der Psalmist schrieb:

> **Alle Nationen, die du gemacht hast, werden kommen und vor dir anbeten, Herr, und deinen Namen verherrlichen.** (Ps 86:9; EB)

Wie wird nun der Wille Gottes in bezug zu den Nationen und deren Rettung verwirklicht? Wie sieht der Weg dahin aus? Was müssen wir tun, damit dies geschehen kann? Ganz bestimmt müssen wir das Evangelium predigen! Allerdings benötigen wir und die Zuhörer dafür den Heiligen Geist, der mit seinem Wind und mit seinem Feuer die Atmosphäre von den unreinen Geistern reinigt, uns für diesen Dienst stärkt und den Zuhörenden die Worte des Lebens ins Herz gibt, um sie dort aufgehen zu lassen. Jedoch wird gar nichts geschehen, wenn der Heilige Geist mit seinem Wind und mit seinem Feuer kommt, wir aber nicht in sein Wirken einsteigen und nicht tun, was wir ihn tun sehen. Doch wenn wir durch unsere Gebete zum Ausdruck bringen, was der Heilige Geist macht, werden wir die Nationen für Jesus gewinnen. In Psalm 149 wird uns der Weg des Heiligen Geistes aufgezeigt, den wir mit ihm gehen müssen, um die Nationen zu retten. Es heißt dort, daß wir durch Lobpreis in unseren Kehlen an den Nationen Gottes Rache und sein Strafgericht an den Völkerschaften – den Mächten und Gewalten, den Fürstentümern der Finsternis und den Dämonen über den Nationen – vollziehen (vgl. Ps 149:7-9).

In Psalm 149 werden uns zwei Strafaktionen gezeigt, die Gott durchführen will. Erstens: Gott will durch den Lobpreis in unseren Kehlen Rache an den Nationen nehmen; und zweitens: Er will durch unseren Lobpreis sein Strafgericht an den Völkerschaften vollziehen. Wie ich im Folgenden noch zeigen werde, ist Gottes Rache an den Nationen seine Gnade für sie. Seine Vergeltung an den Völkerschaften, ist sein Strafgericht an den über die Nationen herrschenden Dämonenvölker und Fürstentümer der Finsternis.

Jesus wird die Nationen zusammen mit seinen Heerscharen – seinen Jüngern – vom Würgegriff der Dämonenvölker befreien. Er wird die Könige und Edlen der Mächte der Finsternis durch die Lobeserhebungen der Heerscharen für seinen Namen mit Ketten und mit eisernen Fesseln binden (Ps 149:8). Er wird sie derart binden, daß sie niemals wieder Herrschaft über die Nationen ausüben können! Doch den Nationen selbst wird er – als Revanche – in seiner Gnade begegnen, sie durch den Dienst der Seraphim mit dem Feuer vom Altar von den Verunreinigungen der Dämonen reinigen und für sich heiligen. Wer in den Nationen sich jedoch nicht von diesem Feuer reinigen und heiligen lassen will, wird durch dieses Feuer umkommen.

Gottes Geist auf alles Fleisch

Wie der Allmächtige die Lippen Jesajas und die Lippen der Jünger Jesu mit dem Feuer vom Altar reinigen und heiligen ließ, so wird er auch die Lippen der Nationen mit diesem apostolischen Feuer reinigen. Sein Wort sagt diesbezüglich:

Und es wird geschehen in den letzten Tagen, spricht Gott, daß ich von meinem Geist ausgießen werde auf alles Fleisch...
Und ich werde Wunder tun oben am Himmel und Zeichen unten auf der Erde: Blut und Feuer und Rauchdampf... (Joel 3:1f; Apg 2:16f; EB)

Wenn der Herr seinen Geist auf alles Fleisch ausgießt, werden folgende Wunder und Zeichen geschehen: Blut, Feuer und Rauchdampf. Zu dieser Zeit – die Zeit ist heute – wird er das Blut Jesu offenbaren zur Vergebung der Sünden; und das Feuer vom Altar (des Blutes Jesu), welches er zu den unreinen Menschen der Nationen bringt, wenn sie den Allmächtigen hoch erhoben auf seinem Thron sitzen sehen, zur Reinigung und Heiligung ihrer Lippen. Als Resultat dieser Heiligung, durch die Gebete der Gereinigten und Geheiligten, wird der Rauchdampf seiner Herrlichkeit sichtbar werden.

Gott, der Herr, gießt seinen Geist auf alles Fleisch aus. Das meint nicht nur auf „christliches Fleisch", sondern wirklich auf alles Fleisch. Dies schließt das Fleisch der ungläubigen Nationen mit ein. Und wenn der Heilige Geist auf das Fleisch der Nationen fällt, wird geschehen, was uns schon der Prophet Jesaja in diesem Zusammenhang mitgeteilt hat:

Und die Herrlichkeit des HERRN wird sich offenbaren, und alles Fleisch miteinander wird es sehen. Denn der Mund des HERRN hat geredet. ... Alles Fleisch ist Gras, und all seine Anmut (Herrlichkeit) wie die Blume des Feldes. Das Gras ist verdorrt, die Blume ist

verwelkt, denn der Hauch des HERRN hat sie angeweht. Fürwahr, das Volk ist Gras. Das Gras ist verdorrt, die Blume ist verwelkt. Aber das Wort unseres Gottes besteht in Ewigkeit. (Jes 40:5-8; EB)

Verkehrte, unreine Lippen stehen für fleischliches Wesen. Die Lippen dieses Wesens können Jesus nicht in Wahrheit preisen und auch nicht anbeten. Fleischliches Wesen ist darauf bedacht, beständig nur sich selbst zu loben. – Das Fleisch gibt nur sich selbst die Ehre. Es ist nur auf sich fixiert und sucht, wie es sich befriedigen kann. Es will sich selbst verherrlichen und deshalb spricht es auch nur groß von sich selbst. Es führt eine verkehrte Rede im Mund, und dies ist der Grund, warum es die Lippen verunreinigt.

Verkehrte, unreine Lippen, die Lippen des fleischlichen Wesens, können das Wort Gottes nicht gottgemäß sprechen, denn das Wort Gottes ist rein, heilig und aufrichtig. Dem Verkehrten ist alles verkehrt. Er kann die geraden Wege Gottes nicht gehen – der verkehrte Geist kann nur verkehrte Wege gehen. Ein Mensch solch eines Geistes muß dem Ruf Jesu Folge leisten: „Kehre um und glaube an das Evangelium!" (vgl. Mk 1:15), um vom verkehrten Geist frei zu werden.

Der Herr will durch das Evangelium seine Herrlichkeit offenbaren, und alles Fleisch soll es sehen. Dies ist der Grund, weshalb er seinen Geist auf alles Fleisch fallen läßt. Jedoch kann das Fleisch Gottes Herrlichkeit nicht sichtbar machen. Es vergeht, wenn der Heilige Geist auf es fällt. Und wenn es in einem Menschen vergeht, hat der verkehrte Geist keine Basis mehr, um den Menschen auf verkehrtem Wege zu halten.

Wenn das Feuer des Heiligen Geistes auf das fleischliche Wesen fällt, wird es vergehen; die verkehrten und unreinen Lippen aber werden durch die Zungenrede gereinigt und geheiligt. Selbstlob hat auf solchen Lippen keinen Platz mehr. Das Feuer vom Altar reinigt diese derart gründlich, daß sie nichts Selbstsüchtiges mehr von sich geben können. Im gereinigten und geheiligten Zustand sprechen unsere Lippen den von Gott gegebenen Lobreis, zur Erhebung Jesu Christi. Sie wollen nur noch die im Herzen empfangenen, ewigen Worte Gottes sprechen und in der Kraft des Heiligen Geistes Lobeserhebungen für Jesus ausrufen und ihn anbeten.

7

Der Tag des Herrn – Heiligung der Nationen und Wiederherstellung Israels

So wie Jesaja vor dem Thron Gottes stand und aufgrund seiner unreinen Lippen befürchtete zu vergehen, werden auch die Nationen am Tag des Herrn in der Gegenwart des Allmächtigen stehen und um ihr Leben bangen. An diesem Tag werden sie wie die Vergehenden sein, denn der Herr wird mit seinen Heerscharen wie ein brüllender, wütender Wind, mit Grimm auf den Lippen und verzehrendem Feuer auf der Zunge ihnen und den unreinen Geistern entgegentreten. Jedoch ihr Leben wird vom Herrn nicht vernichtet werden, so daß es ganz aus mit ihnen sein würde. Ihre Lippen werden durch den Dienst der Seraphim mit dem verzehrenden Feuer vom Altar berührt, gereinigt und geheiligt werden. Die sich über ihnen befindlichen Mächte der Finsternis dagegen werden von dem brüllenden, wütenden Wind des Heiligen Geistes wie Spreu verweht und vom Feuer gefressen werden. Wer aus den Nationen in diesem Sturm und Feuer weiterhin den gottlosen Geistern angehören will, wird mit ihnen keinen Bestand haben und vergehen (Ps 1:4+5). Die Nationen, die im Widerstand gegen Jesus bleiben, werden wie Böcke von den Schafen geschieden werden (Mt 25:31+32).

Feuriger Lobpreis des Gerichts

Zu der Zeit will ich die Fürsten Judas machen zum Feuerbecken mitten im Holz und zur Fackel im Stroh, daß sie verzehren zur Rechten und zur Linken alle Völker ringsumher. (Sach 12:6)

Wenn der Tag des Herrn für die Nationen gekommen ist, werden sie durch Gottes Feuer, dem Feuer seiner Apostel und Propheten, heimgesucht werden. Sie werden als Nationen Jesus annehmen und ihn als ihren Herrn und König bekennen, sich unter seine Herrschaft stellen und sich zu seinen Jüngern machen lassen. Mit gereinigten und geheiligten Lippen werden sie ihn loben und preisen. Zusammen mit dem feurigen Lobpreis der Fürsten Judas (die Apostel und Propheten) werden sie die über sie herrschenden Dämonenvölker mit ihren Edlen und Königen in Ketten und eiserne Fesseln legen (Ps 149:6-9). Zu dieser Zeit wird auch Israel wiederhergestellt werden.

Der Prophet Zefanja gibt uns über diese Begebenheiten durch ein von Gott gegebenes prophetisches Wort folgenden Einblick:

Darum wartet auf mich, spricht der HERR, bis auf den Tag, an dem ich zum letzten Gericht auftrete (EB: an dem ich mich aufmache zur Beute!)**; denn mein Beschluß ist es, die Völker** (EB: Nationen) **zu versammeln und die Königreiche zusammen zu bringen, um meinen Zorn über sie auszuschütten, ja, alle Glut meines Grimmes; denn alle Welt soll durch meines Eifers Feuer verzehrt werden.** (Zef 3:8)

Weil Jesus die Sünden der Menschen getragen hat, werden ihm die Nationen zur Beute gegeben werden (Jes 53:11+12). An seinem Tag wird er die Nationen vor sich versammeln lassen und sich diese als Beute nehmen. Er wird seinen Geist auf sie ausgießen und ihre Lippen durch das Feuer vom Altar reinigen.

Wir, die wir Jesus nachfolgen, sind von ihm berufen, allen Völkern das Evangelium zu verkündigen und die Nationen zu Jüngern zu machen (Mk 16:15; Mt 28:19). Allerdings will er nicht, daß wir dies ohne den Heiligen Geist tun. Und wenn die Zeit seines Tages gekommen ist, wenn die Zeit des Finales der Verkündigung des Evangeliums da ist, dann will er selber sichtbar mit dabei sein und mit uns zusammen vollenden, was noch vollendet werden muß. Am letzten Tag sollen wir nicht ohne Jesu sichtbare Gegenwart wirksam sein. Deshalb sagt er: **„Wartet auf mich, bis auf den Tag, an dem ich zum letzten Gericht auftrete!"** (Zef 3:8)

Jesu Nachfolger warten auf den Tag der siebenten Posaune, an dem sie mit den in Christus Entschlafenen Jesus in die Luft entgegengerückt und dort mit Jesus vereinigt werden (vgl. 1. Kor 15:50f.; 1.Thess 4:13-18). Dieser Tag ist der Tag, auf den wir warten sollen, damit wir mit Jesus zum letzten Gericht auftreten können. Natürlich arbeiten wir auch schon vor diesem Tag daran, die Nationen mit dem Evangelium zu erreichen und sie zu seinen Jüngern zu machen. Aber am letzten Tag, dem Tag des letzten Gerichtes, sollen wir nicht ohne den wiedergekommenen Jesus in diesem Dienst sein.

Wenn wir mit Jesus in der Luft vereinigt worden sind, wird er, als unser sichtbarer Heerführer, mit uns zur Erde zurückkehren. Mit ihm zusammen werden wir dann die Nationen richten und sie in diesem Gericht reinigen und heiligen, zum Lob seiner Herrlichkeit. Der Tag des Herrn ist der Tag, an dem der Herr mit seinen Heerscharen sichtbar zur Erde zurückkommen wird.

Einerseits ist *der Tag des Herrn* jeder Tag, denn Paulus schreibt: **„Siehe, jetzt ist der Tag des Heils.“** (2. Kor 6:2; EB). Jetzt ist der Tag, an dem wir von Jesus gesandt zu den Nationen gehen sollen, um ihnen das Evangelium zu verkündigen und um sie zu Jüngern zu machen. Heute ist der Tag des Heils für die Nationen. Und darum ist auch jetzt die Zeit, zusammen mit Jesus gegen die Dämonenvölker Krieg zu führen, die über den Nationen ihre Herrschaft ausüben.

Und andererseits wird der Tag kommen, von dem Zefanja spricht. Dieser Tag ist der Tag des Herrn, an dem er mit seinen Kriegsscharen, den zuvor von der Erde entrückten Heiligen, zur Erde zurückkehren wird! Dieser Tag wird kommen, wenn die Zeit unserer Mission zu Ende geht, in der wir in der Gemeinschaft des Heiligen Geistes dieser nachgegangen sind und seine Hilfe in Anspruch genommen haben. An diesem Tag werden wir zusammen mit Jesus die Mission vollenden. Dies wird das Finale unserer Mission sein. An diesem Tag wird Jesus die Nationen und Königreiche versammeln lassen, um zusammen mit uns ihnen zornig, mit Grimm auf den Lippen und verzehrendem Feuer auf der Zunge, wie ein wütender, brüllender Wind zu begegnen (Zef 3:8).

Der Tag des Herrn wird ein Tag der Heiligung für die Nationen sein, damit sie als heilige Nationen vor dem Herrn stehen, ihn preisen und anbeten können!

Am Tag des Herrn werden wir das gleiche tun, was wir auch heute schon tun. Wir werden für die Nationen einstehen und Jesus, unseren Heerführer, loben und preisen. Und wenn Jesus sich – heute und am zukünftigen Tag des Herrn – aufgrund unserer lobpreisenden Anbetung wie ein Riese erhebt, werden wir uns mit ihm wie ein Riese erheben. Er wird aufgrund unserer pausenlosen Lobpreiserhebungen seines Namens in Eifer kommen, und wenn er in Eifer gelangt, dann werden auch wir im selben Eifer gesehen werden. Wir werden mit ihm das Kriegsgeschrei erheben und dann mit ihm gegen die Feinde ausziehen, mit Grimm auf den Lippen und verzehrendem Feuer auf der Zunge.

Am Tag des Herrn werden wir tun, was wir heute, mit der Hilfe des Heiligen Geistes, auch schon tun. Nur, an diesem Tag werden wir es mit Jesus, als unserem Heerführer, sichtbar zusammen tun. Wir werden die Dämonenvölker über den Nationen richten. Im Sturm und Feuer unseres Lobpreises wird der Heilige Geist gegen sie wehen, so daß sie keinen Halt mehr finden. Sie werden das Feld räumen und mit panischem Entsetzen fliehen. Noch während ihrer Flucht wird sie das Feuer Gottes erfassen, welches für sie die Hölle ist.

Als Ergebnis dieses Heilig-Geist-Wehens wird die Atmosphäre über den Nationen von der Herrschaft der Mächte, Gewalten und der Fürstentümer der Finsternis frei werden.

Wir müssen und sollen gegen diese Mächte und deren Dämonenvölker über den Nationen kämpfen (Eph 6:12), damit der Himmel auf die Erde gelangen kann. Stehen wir in diesem Kampf, so werden wir – fast nebenbei – im Glauben erstarken, denn von den Glaubenden wird gesagt, daß sie stark geworden sind im Kampf (Hebr 11:34).

Jesus hat kein Interesse und schon gar kein Gefallen daran, Menschenseelen zu verderben und ihre Leiber zu zerstören. Wenn man allerdings die Prophetie in Zefanja oberflächlich liest, könnte man meinen, Gott versammle die Nationen, um sie im Feuer zu verbrennen und somit zu vernichten, so, wie es Elia dreimal mit Einheiten der Israelischen Armee tat, als diese ihn ohne seine Einwilligung zum König Israels bringen wollten (2. Kön 1:2-18).

Ich glaube, daß unser Gott nicht beabsichtigt, die Nationen mit Feuer zu verbrennen. Vernichtung ist auf keinen Fall im Interesse Jesu. Er brachte seine Haltung darüber zum Ausdruck, als seine Jünger sich darüber ärgerten, daß ihnen in einem Samariter-Dorf keine Herberge gewährt wurde. Er wies sie zurecht, als sie ihn fragten: **„Herr, willst du, daß wir sagen, daß Feuer vom Himmel herabfallen und sie verzehren soll?"** (Lk 9:54; EB) Jesus sagte zu ihnen: **„Wißt ihr nicht, welchen Geistes ihr seid? Der Menschensohn ist nicht gekommen, Menschenseelen zu verderben, sondern zu retten."** (Lk 9:55; EB)

Andererseits spricht Jesus: **„Ich bin gekommen, Feuer auf die Erde zu werfen, und wie wünschte ich, es wäre schon angezündet!"** (Lk 12:49; EB) Welches Feuer wollte

Jesus auf die Erde werfen? Das Feuer des Heiligen Geistes! Dieses warf er auf die Erde, fünfzig Tage nach seiner Auferstehung aus den Toten. Seit diesem Tag brennt es in der Welt. Und es wird so lange brennen, bis alles Fleisch von ihm verzehrt worden ist. Alle Nationen sollen durch dieses Feuer geläutert und zu Jüngern Jesu gemacht werden.

Wenn der Geist Gottes, mit der zornigen Glut seines Grimmes auf das Fleisch der Nationen gelangt, wird dieses durch den Eifer seines Feuers vergehen, die Nationen jedoch gerettet werden. Das Feuer seines Geistes wird die verkehrten und unreinen Lippen der Nationen – das fleischliche Wesen –, durch den Dienst der Seraphim berühren, damit die Schuld von ihnen genommen werde und ihre Sünde gesühnt sei (Jes 6:6+7).

Die Lippen der Nationen werden durch die Berührung mit dem Feuer vom Altar für den Allmächtigen derart geheiligt, so daß sie den Herrn Jesus preisen und ihn in Ehren halten können. Der von ihnen gegebene Lobpreis wird die dämonischen Machthaber, die in der Atmosphäre über ihnen herrschen, in Ketten und in eiserne Fesseln legen, so daß alle Mächte der Bosheit unter ihre Füße gebracht werden.

Wenn die Nationen mit dem Feuer vom Altar gereinigt und geheiligt worden sind, werden sie den Herrn mit neuen Zungen loben und preisen, ihn anrufen und ihm dienen. Gleich im nächsten Vers des Propheten Zefanja wird uns dies gesagt:

Dann aber werde ich den Völkern andere, reine Lippen geben, damit sie alle den Namen des HERRN anrufen und ihm einmütig (Schulter an Schulter) dienen. (Zef 3:9; EB)

Jesus und sein Kriegsheer kommen mit Grimm auf den Lippen und verzehrendem Feuer auf der Zunge, um alles verkehrte und unreine zu vernichten. Man könnte denken, wenn man dies so liest, daß er alle Nationen durch sein verzehrendes Feuer ganz und gar töten wolle! Jedoch in Joel und auch in der Apostelgeschichte wird uns gesagt, daß er seinen Geist auf alles Fleisch ausgießen will, um die Menschen (und somit die Nationen) zu retten (Joel 3:1-5; Apg 2:17f.).

Gottes Geist ist wie ein Sturm und wie ein Feuer. Mit Sturm und Feuer wird er auf die Nationen kommen, damit sie zu Jüngern Jesu gemacht werden können. Wenn wir mit Grimm auf den Lippen und verzehrendem Feuer auf unserer Zunge für die Nationen beten, schütten wir mit Jesus dieses reinigende und heiligende Feuer auf sie aus, damit sie zusammen mit uns den Herrn loben, preisen und anbeten können.

Wenn wir uns noch einmal Jesaja 30:27 anschauen und diesen Vers in bezug zu Zefanja 3:8 setzen, werden wir eine Übereinstimmung in diesen beiden Versen erkennen. In Jesaja 30:27 heißt es:

Siehe, der Name des HERRN kommt von weit her mit seinem brennenden Zorn und wuchtigem Auffahren. Seine Lippen sind voller Grimm, und seine Zunge ist wie ein verzehrendes Feuer. (EB)

In den folgenden Versen von Jesaja 30 wird uns dann gesagt, daß der Herr in seinem Zorn gegen die Völker (ich glaube, hier meint er Dämonenvölker) und besonders gegen Assur – den Helfer Satans – angeht, um diese aus ihren hohen Positionen zu werfen.

Und in Zefanja 3:8 steht:

...mein Beschluß ist es, die Völker zu versammeln und die Königreiche zusammenzubringen, um meinen Zorn über sie auszuschütten, ja, alle Glut meine Grimmes, denn alle Welt soll durch meines Eifers Feuer verzehrt werden. (EB)

Damit du besser erkennen kannst, wovon ich spreche, lies doch bitte beide Verse in Zefanja 3, Verse 8+9 noch einmal im Zusammenhang. In Vers 8 heißt es am Ende, nachdem er von der Ausschüttung seines Zornes, der Glut seines Grimmes, über den Nationen sprach: **„...denn alle Welt soll durch meines Eifers Feuer verzehrt werden.**" Gleich im nächsten Vers sagt er dann übergangslos:

Dann aber werde ich den Völkern andere, reine Lippen geben, damit sie alle den Namen des HERRN anrufen und ihm einmütig dienen. (EB)

Alle Welt soll durch des Herrn Feuer verzehrt werden! Das „Fleisch der Menschen" wird in diesem Feuer vergehen und die dämonischen Mächte werden in diesem brennen – das ist Hölle. Wer im Feuer Gottes nicht gereinigt und geheiligt werden will oder nicht gereinigt werden kann – wie die Dämonenvölker – erlebt die Hölle. Die Menschen der Nationen jedoch, die sich von diesem Feuer reinigen und heiligen lassen, bekommen reine und geheiligte Lippen. Mit diesen können sie den Herrn dann loben und werden deshalb den Himmel auf Erden erleben.

Alle Nationen werden kommen und vor dir anbeten, denn deine gerechten Gerichte sind offenbar geworden. (Offb 15:4; frei übersetzt)

Wiederherstellung Israels

Zur selben Zeit, wenn die Lippen der Nationen durch das apostolische Feuer des Heiligen Geistes von den unreinen Geistern gereinigt werden und wieder den Namen des Herrn anrufen und ihm von Herzen dienen können, stellt der Allmächtige sein Volk Israel wieder her. So wird es uns im selben Kapitel des Propheten Zefanja mitgeteilt, in dem uns auch von der Heiligung der Lippen der Nationen gesagt wird. In Zefanja 3:14+15 heißt es:

Juble, Tochter Zion, jauchze, Israel! Freue dich und frohlocke von ganzem Herzen, Tochter Jerusalem! Der HERR hat deine Strafgerichte weggenommen, deinen Feind weggefegt. Der König Israels, der HERR ist in deiner Mitte, du wirst kein Unglück mehr sehen. (EB)

Wenn die Nationen mit dem Feuer der Apostel heimgesucht werden, dann werden sie befähigt, den Herrn anzurufen und ihm zu dienen. Aus ihrer Feindschaft zu Israel wird durch ihre Beziehung zu Jesus und die Anerkennung seiner Herrschaft dann Freundschaft werden. Zu dieser Zeit wird Israel kein Unglück mehr sehen, denn JESUS der Herr, der König Israels, ist in seiner Mitte.

Zur selben Zeit, wenn den Nationen gereinigte Lippen gegeben werden, wird man zu Jerusalem sprechen:

Fürchte dich nicht, Zion, laß deine Hände nicht erschlaffen! Der HERR, dein Gott, ist in deiner Mitte, ein Held, der rettet; er freut sich über dich in Fröhlichkeit, er schweigt in seiner Liebe, er jauchzt über dich mit Jubel. Die fern von der Festversammlung Trauernden sammle ich weg von denen, die sie schlagen... Siehe, zu jener Zeit werde ich an denen handeln, die dich unterdrücken. Ich werde das Hinkende retten und das Vertriebene werde ich zusammenbringen. Und ich werde sie zum Lobpreis und zum Namen machen in jedem Lande ihrer Schande. (Zef 3:16-19; EB)

Der Herr wird zu dieser Zeit nicht nur die Lippen der Nationen reinigen und heiligen, sondern auch die Lippen des Volkes Israel. Wenn dies geschieht, werden die Israeliten in allen Ländern, in denen sie Schande erlitten, dem Herrn mit gereinigten und geheiligten Lippen Lobpreis darbringen und in den Ländern zu Ehren gelangen.

Jesu Kommen für Israel und die Nationen

Jesus, der Herr, wird in der Mitte des Volkes Israel erscheinen. Jeder in diesem Volk wird erkennen, daß derjenige, den sie durchbohrt haben, ihr Gott und König ist. Wenn Jesus für Israel wiederkommt, wird er nicht allein sein. Seine Gemeinde wird mit ihm sein. Am Tag seines Kommens wird er nicht nur für Israel wiederkommen, sondern auch für alle Nationen. Wenn dies geschieht, wird Israel ihn als Herrn und König anerkennen, so daß seine Herrschaft von Israel ausgehend sich über alle Nationen erstrecken wird.

Wenn Jesus mit seinen Heiligen für Israel und die Nationen wiederkommt werden sich um dieses Ereignis herum gewisse Dinge zutragen. Die Propheten der Schrift berichten davon, besonders in den Kapiteln, die ich in diesem Buch angeführt oder zitiert habe. Ich will auf all die Ereignisse, die dann geschehen werden, nicht im einzelnen eingehen, da es mir um eine bestimmte Aussage in diesem Zusammenhang geht. Was ich aber noch beleuchten will, wird uns vom Kommen Jesu mit seinen Heiligen in Sacharja 14 prophezeit:

> **Und seine Füße werden an jenem Tag auf dem Ölberg stehen, der vor Jerusalem im Osten liegt... Dann wird der HERR, mein Gott, kommen und alle Heiligen mit ihm... Und es wird geschehen an jenem Tag, da werden lebendige Wasser aus Jerusalem fließen... Und der HERR wird König sein über die ganze Erde...**
> (Sach 14:4-9; EB)

Jesus kommt wieder! Und mit ihm werden alle seine Heiligen kommen. Zusammen mit ihnen wird er an diesem Tag die sichtbare Herrschaft über die ganze Erde antreten.

Der Tag des Herrn ist der Tag, an dem Jesus mit seiner Gemeinde zusammen auf die Erde zurückkehrt. Er wird sich Israel zeigen, und ganz Israel wird ihn als den erkennen, den sie durchbohrt haben; sie werden von Herzen Buße über diese und auch alle anderen Sünden tun (vgl. Sach 12:10f.). In Demut werden sie sich unter ihren König Jesus beugen und ihn und seine Königsherrschaft anerkennen. Wenn dies geschieht, wird Jesus zum Herrn über Israel. Und gemeinsam mit der Gemeinde Jesu wird Israel zur herrschenden Nation über alle Nationen.

Im Propheten Zefanja heißt es nach der Luther-Übersetzung in bezug zu dem bereits Erwähnten:

> **Zur selben Zeit will ich euch heimbringen und zur selben Zeit sammeln; denn ich will euch zu Lob und Ehren bringen unter allen Völkern auf Erden, wenn ich eure Gefangenschaft wenden werde vor euren Augen, spricht der HERR.** (Zef 3:20)

Unter der Herrschaft Jesu und seiner Braut – der Gemeinde – wird sich das Volk Israel derart positiv entwickeln, daß es zu Lob und Ehren unter den Völkern gelangt. Die Nationen werden nicht mehr gegen dieses Volk stehen, sondern Israel und seinen allmächtigen Gott – König Jesus – loben und preisen. Dies wird das Ergebnis der Berührung mit der feurigen Kohle vom Altar des Blutes Jesu sein, welches die

Lippen der Völker von den unreinen Geistern gereinigt haben wird. Mit gereinigten Lippen werden die Nationen dann dem Herrn dienen und sich in Demut unter die Herrschaft Israels und ihres Königs beugen. Über diese Zeit schreibt der Prophet Micha:

> **Und am Ende der Tage wird es geschehen, da wird der Berg des Hauses des HERRN feststehen als Haupt (Gipfel) der Berge, und erhaben wird er sein über die Hügel. Und Völker werden zu ihm strömen, und viele Nationen werden hingehen und sagen: Kommt, laßt uns hinaufziehen zum Berg des HERRN und zum Hause des Gottes Jakobs, daß er uns aufgrund seiner Wege belehre! Und wir wollen auf seinen Pfaden gehen. Denn von Zion wird Weisung (das Gesetz) ausgehen und das Wort des HERRN von Jerusalem. Und er wird richten zwischen vielen Völkern und Recht sprechen für mächtige Nationen bis in die Ferne. Dann werden sie ihre Schwerter zu Pflugscharen umschmieden und ihre Speere zu Winzermessern. Nie mehr wird Nation gegen Nation das Schwert erheben, und sie werden das Kriegführen nicht mehr lernen. Und sie werden sitzen, jeder unter seinem Weinstock und unter seinem Feigenbaum, und niemand wird sie aufschrecken. Denn der Mund des HERRN der Heerscharen hat geredet. – Da wird der HERR König über sie sein auf dem Berg Zion, von da an bis in Ewigkeit.**
> (Mi 4:1-4+7; EB)

Nachwort

Jesaja, der als Prophet zur Zeit des Alten Testamentes lebte, war meines Erachtens der Erste, der vom Allmächtigen offensichtlich zum Apostel berufen wurde. Jedoch bevor er Gottes Bote sein konnte, wurden seine Lippen durch das Feuer vom Altar gereinigt und geheiligt. Dies geschah, als er den Herrn hoch erhaben auf einem Thron sitzen sah und sich selbst in dessen Gegenwart mit unreinen Lippen erkannte. Über diese Einsicht geschockt konnte er nur noch ausrufen: „Wehe mir, ich muß sterben – ich vergehe!" Jedoch Gott hatte anderes im Sinn. Er wollte, daß Jesaja lebt! Deshalb sandte er einen Seraph zu ihm, mit einer glühenden Kohle vom Altar, um seine Lippen mit dieser zu berühren, sie zu reinigen und zu heiligen. Das Feuer dieser Kohle machte einen anderen Menschen aus Jesaja.

So wie Jesajas Lippen gereinigt und geheiligt werden mußten, um Gottes Botschaft verkündigen zu können, so müssen auch die Lippen der wahren Apostel Jesu Christi und seiner apostolischen Gemeinde gereinigt und geheiligt werden.

Nachdem Jesus auf dem Altar sein Blut gegeben hatte, starb, nach drei Tagen von den Toten auferstanden und nach einer Zeit in den Himmel aufgefahren war, sandte er zu Pfingsten – zuerst seinen Jüngern und durch diese für alle Menschen – seinen Geist. An dem Tag, als der Heilige Geist kam, wurden die Jünger nicht nur mit diesem erfüllt, sondern auch noch zusätzlich durch den Dienst der Seraphim mit dem Feuer vom Altar des Blutes Jesu an ihren Lippen zu deren Reinigung und Heiligung berührt. Die Feuerzungen, die auf sie kamen und sie reinigten und heiligten, befähigten sie, entweder als Apostel oder als apostolisch Beauftragte das Evangelium zu verkündigen und die Nationen zu Jüngern Jesu zu machen. Weil die heutigen Jünger Jesu genauso den Heiligen Geist und den Dienst der Seraphim benötigen, um Jesus in rechter Art und Weise dienen zu können, hat sich an der Vorgehensweise Gottes nichts geändert. Jeder von ihm Berufene soll mit dem Heiligen Geist erfüllt werden und durch den Dienst der Seraphim gereinigte und geheiligte Lippen bekommen. Der Heilige Geist und die Seraphim dienen jenen in der Gemeinde Jesu, zu denen Gottes Ruf ergeht: „Wer will unser Bote sein?"

Gottes Boten, seien es Apostel oder die beauftragten Heiligen der apostolischen Gemeinde, sind berufen, zu den Nationen zu gehen, damit auch deren Lippen mit dem Feuer vom Altar berührt und durch dieses gereinigt und geheiligt werden. Gott möchte die Errettung der Nationen, und daß diese ihn für seine wunderbare Rettung loben. Er will nicht deren Vernichtung, er will die Nationen für sich als Opfergabe, die ihn preist. Paulus drückt dies so aus:

Ich habe aber zum Teil euch etwas kühn geschrieben, um euch zu erinnern wegen der mir von Gott verliehenen Gnade, ein Diener Christi Jesu zu sein für die Na-

tionen, der priesterlich am Evangelium Gottes dient, damit das Opfer der Nationen (d.h. die Nationen als Opfergabe) angenehm werde, geheiligt durch den Heiligen Geist. (Röm 15:15+16; EB)

An dem Tag, wenn dieser Dienst an den Nationen und somit Gottes Werk vollendet ist, wird auch ganz Israel wiederhergestellt werden. An diesem Tag wird Israel den, welchen es über die Jahrhunderte ablehnte und verachtete, als seinen Gott und Erlöser erkennen, anerkennen und annehmen. Dies ist der Tag, an dem auch Israels Lippen mit dem Feuer vom Altar berührt werden, so daß es zusammen mit den Nationen Jesus als Herrn loben und preisen kann. So wie der Herr, der Allmächtige, es durch seine Propheten gesagt hat, wird es geschehen. Sacharja verkündigte und sagte zu Israel:

Wie ihr ein Fluch unter den Nationen gewesen seid, Haus Juda und Haus Israel, so werde ich euch retten und ihr werdet ein Segen sein... (Sach 8:13; EB)

Wenn Israel wiederhergestellt ist, wird es für die Nationen ein Segen sein. Unter der Herrschaft seines Königs Jesus und dessen Königin – der Gemeinde –, die durch die Entrückung den Platz an der Seite Jesu offensichtlich einnehmen durfte, wird Israel zur Weltmacht werden, wozu Gott es berufen hat, und Gottes Gerechtigkeit auf Erden aufrichten. Tausend Jahre wird es die Völker regieren und segnen und den Nationen zeigen, wie friedvoll es sich unter der Herrschaft Jesu Christi leben läßt.

Nach diesen tausend Jahren, wenn jeder die Liebe und die Gerechtigkeit Jesu Christi geschmeckt hat, wird der Teufel für eine ganz kurze Zeit freigelassen werden. In dieser Periode darf er noch einmal unter den Menschen für sein Reich werben. Wer auf seine Lügen einsteigt und ihm folgt, wird kurze Zeit danach zusammen mit ihm Gottes Feuergericht erleben, welches ihnen zur Hölle werden wird (Offb 20:1-10). Wenn dies geschieht, werden alle anderen Toten, die nicht mit Christus auferstanden und zu Jesus entrückt worden sind, vor dem Thron Gottes erscheinen und nach ihren Werken gerichtet werden. Wessen Name nicht im Buch des Lebens geschrieben steht, wird in den feurigen Pfuhl geworfen werden, welcher die Hölle ist (Offb 20:11-15).

Nachdem dies geschehen ist, wird Gott alles neu machen. Er wird einen neuen Himmel und eine neue Erde schaffen, und nichts Verfluchtes wird mehr zu finden sein. Das neue Jerusalem aus dem Himmel wird auf die Erde herabkommen, und Gott wird bei den Menschen wohnen (Offb 21). Von den Heiligen des Höchsten wurde für diese Zeit prophezeit:

> **Und Nacht wird nicht mehr sein, und sie bedürfen nicht des Lichtes einer Lampe und des Lichtes der Sonne, denn der Herr, Gott, wird über ihnen leuchten, und sie werden herrschen von Ewigkeit zu Ewigkeit.**
> (Offb 22:5; EB)

BERNHARD KOCH

Christen sollen Sieger sein!

Gott gibt uns – so sagt es sein Wort – allezeit den Sieg in Christus, doch viele seiner Kinder nehmen den Sieg nicht in Anspruch, weil sie das Wort Gottes, seine Stärke und seine Kraft nicht kennen. Gottes Kinder sollen wie ihr Vater im Himmel Sieger sein.
Paperback, 72 Seiten, Best.-Nr. BU32-6; 11,80 DM

Brüllen wie ein Löwe

Gottes feuriger Charakter brüllt gegen die Sünde, tönt vom Sieg Jesu am Kreuz und schreit in Geburtswehen, damit Christus in uns offenbar wird. Dieses Buch gibt prophetische Anstöße und Anregungen. Erst wenn wir Jesus auch als den Löwen von Juda erkennen, werden herrlicher Lobpreis und wahre Anbetung für das Lamm auf dem Thron freigesetzt.
Paperback, 352 Seiten, Best.-Nr. BU35-0; 19,80 DM

Wahre Demut

Das Wort Gottes sagt: Viele gefallen sich in falscher Demut (vgl. Kolosser 2:18). Die tiefe Selbstgerechtigkeit des alten Wesens wird auf dem Weg der Wahrheit offenbar. Anhand von biblischen Beispielen deckt dieses Buch stolzes Wesen auf und zeigt den einzigen Weg zu göttlicher Größe: Wahre Demut.
Paperback, 120 Seiten, Best.-Nr. BU80-6; 12,80 DM

Tore der Gerechtigkeit

Gottes Reich ist Gerechtigkeit, Friede und Freude im Heiligen Geist. Unfrieden und Freudlosigkeit in unserem Leben sind Ausdruck einer versteckten Selbstgerechtigkeit. Wer auf dem Weg der Wahrheit die tiefen Tore der Gerechtigkeit durchschreitet, wird dabei in seiner Seele ausgerichtet. *Paperback, 88 Seiten, Best.-Nr. BU83-0; 12,80 DM*

ROBERTS LIARDON

Zerbrich die Macht der Kontrolle!

Viele Gläubige leben in seelischen Bindungen statt in der Fülle Gottes. Roberts Liardon stellt klar, daß es positive Kontrolle im Sinn von Aufsicht durch Älteste und eine innere Selbstbeherrschung gibt. Aber er lehrt auch, wie man die Macht der dämonischen Kontrolle entlarvt und zerbrechen kann. *Paperback, 112 Seiten, Best.-Nr. BU01-6; 14,80 DM*

ROBERTS LIARDON

Ich sah den Himmel

So wie Paulus – und andere nach Ihm – in den Himmel entrückt wurde, ist auch Roberts Liardon als 8-jähriger Junge in der himmlischen Dimension gewesen. Was er dort an unbeschreiblicher Herrlichkeit und Wahrheit erlebte und weitersagen darf, hat er hier niedergeschrieben. – Zur Ehre Gottes, zur Ermutigung und Stärkung des Leibes Christi auf dieser Erde. *Paperback, 72 Seiten, Best.-Nr. BU00-8; 12,80 DM*

BOB MAIN

Liebe besiegt die Angst

Die Bibel sagt: Wir sind mehr als Überwinder durch den, der uns geliebt hat (vgl. Röm 8:37). Dieses Buch möchte dich lehren, wie du mehr als ein Überwinder sein kannst. Wenn du verstehst, was Gott für dich getan hat, kannst du deine Umstände verändern. Aber auf falsche Fragen erhältst du nie die richtigen Antworten. Bob Main zeigt dir Gottes Antwort auf Ängste in deinem Leben. *32 Seiten, Best.-Nr. BU51-4; 5,80 DM*

Die Tür in den Himmel

Weil wir durch Jesus Christus eine offene Tür in den Himmel haben, dürfen wir im Geist bis zum Thron der Gnade gehen. Wie Johannes, Paulus und andere nach ihnen hatte auch Bob Main ein Erlebnis in der herrlichen Gegenwart Gottes. Dieses Buch gibt tiefe Einblicke in das überirdische Denken unseres Schöpfers und hilft uns ein Leben aus himmlischer Perspektive zu führen. *40 Seiten, Best.-Nr. BU52-2; 7,80 DM*

DR. BILL HAMON

Apostel & Propheten

Die Bibel spricht eine klare Sprache: Gottes Gemeinde braucht die Dienstgaben der Apostel & Propheten, *bis* die Einheit des Glaubens und die Fülle Christi offenbar geworden sind. Dieses Buch zeigt, daß der Geist Gottes sich durch die Jahrtausende in Wellen der Wiederherstellung auf ein großes Finale zubewegt. Apostel & Propheten kommen, um die Gemeinde für die Rückkehr des Königs reif zu machen.
Paperback, 368 Seiten, Best.-Nr. BU05-9; 29,80 DM

ULF EKMAN

Die Juden – das Volk der Zukunft

Nie zuvor war es so wichtig, die vitale Rolle Israels und des jüdischen Volkes in der Geschichte der Menschheit zu verstehen. Unwissenheit über Gottes Pläne mit seinem Volk kann ein Nährboden für Vorurteile und der Grund für viele Fehleinschätzungen und falsche Entscheidungen sein. Wir müssen uns zu dem Volk Gottes und seinem Land, Israel, stellen. – Das Verlangen des Autors Ulf Ekman ist es, daß das Herz des Lesers mit einer Liebe für das gefüllt wird, was Gott liebt, und daß er Klarheit über die Bedeutung des Landes Israel und des Volkes der Juden empfängt. *Paperback, 176 Seiten, Best.-Nr. BU62-8; 19,80 DM*

Die Kraft in der neuen Schöpfung

Gottes Wahrheit befreit zum Leben: Erkenne, wer du in Christus bist. Der Herr ist mit dir, mächtiger Kriegsheld! Ein Leben im Sieg erwartet dich.
Booklet, 28 Seiten, Best.-Nr. BU70-9; 3,00 DM

Gott will alle heilen

Viele fragen: Will Gott mich heilen? Entdecke die wunderbare Tatsache, daß Gott ALLE Menschen heilen will.
Booklet, 28 Seiten, Best.-Nr. BU71-7; 3,00 DM

Autorität im Namen Jesu

Gott hat seinem Sohn für sein Werk am Kreuz den höchsten Namen gegeben. Dieser Name gibt Autorität über alle Mächte im Himmel und auf Erden. *Booklet, 24 Seiten, Best.-Nr. BU72-5; 3,00 DM*

Zerstöre die Werke Satans

Darum wurde der Sohn Gottes offenbar, um die Werke des Teufels zu zerstören. Jesus sagte, daß wir die gleichen Werke wie er und größere tun sollen. *Booklet, 32 Seiten, Best.-Nr. BU73-3; 3,00 DM*

Der Herr ist ein Kriegsmann

Dies ist ein mutmachendes Buch, das biblisch belegt: Die Gemeinde hat als Gottes Armee einen geistlichen Kampf zu führen – nicht gegen Menschen, sondern gegen geistliche Mächte. Durch Jesu Sieg am Kreuz hat Gott auch uns in eine Position des Sieges versetzt.
Paperback, 144 Seiten, Best.-Nr. BU60-1; 16,80 DM

GÖSTA ÖMAN

Das Reiswunder

Mehr als 50.000 Familien, ernährt mit einem Sack voll Reis und das über sieben Monate lang! So unfaßbar sich das anhört, Gösta Öman aus Schweden hat es erlebt. Dieses und weitere übernatürliche Ereignisse, die durch das Eingreifen Gottes geschehen sind, beschreibt Gösta Öman in diesem Buch – als ein Beispiel für das, was Christus heute durch gläubige Menschen tun kann. *Paperback, 288 Seiten, Best.-Nr. BU04-0; 19,80 DM*

HAROLD R. EBERLE

Gemeinde des neuen Weins

Gott hat angefangen, auf der ganzen Welt neuen Wein der Freude und Freiheit des Geistes in die Durstigen seines Volkes zu gießen. Jesus lehrt uns, daß es unmöglich ist, neuen Wein in alte Schläuche zu gießen, ohne daß diese reißen. Der Heilige Geist ist dabei, Gemeindestrukturen zu reformieren. Der Autor belegt biblisch, daß nur eine auf dem Fundament des fünffältigen Dienstes und der Gaben des Geistes gebaute Gemeinde die stärker werdende dynamische Kraft des Geistes empfangen und weitergeben kann. *Paperback, 184 Seiten, Best.-Nr. BU02-4; 19,80 DM*

LOBPREIS AUS DER JESUS!GEMEINDE RINTELN

Lobpreis aus der JESUS!Gemeinde Rinteln: Herrlich, frei, prophetisch, frisch, laut & lebendig. Kampfgesänge der lärmenden Menge Judas und Liebeslieder für das Lamm auf dem Thron. Auf-erweckender LIVE!-Lobpreis, der religiöse Mauern zerbricht:

LÖWE VON JUDA *– CD101: 24,80 DM*
PAPA! *– CD102: 24,80 DM; MC102: 19,80 DM*
LEBENSGEIST *– CD103: 29,80 DM*
BLUT!FEUER!RAUCHDAMPF! *– CD104: 29,80 DM; MC104: 21,80 DM*
HIMMELREICH *– CD105: 29,80 DM; MC105: 21,80 DM*
MACHT BAHN! *– Doppel-CD106: 34,80 DM; MC106: 21,80 DM*
FEUERSTURM *– CD107: 29,80 DM (mit Bonus-Predigt-CD)*
KÖNIGREICH *– Doppel-CD108: 34,80 DM*

LEE LACOSS

Gottes Finanzen

Unser Vater im Himmel ist ein reicher Gott, und sein Reich soll wie im Himmel auch auf Erden offenbar werden. Jesus wurde am Kreuz arm, auf daß wir in ihm reich würden. Geistliches, seelisches und materielles Wohlergehen sind Gottes Wille. Dieses Buch gibt Anregungen und Anstöße, wie wir die Schätze des Himmels hier auf die Erde holen und Gottes Goldtalente gewinnbringend einsetzen können.

Paperback, 48 Seiten, Best.-Nr. BU81-4; 7,80 DM

Gottes Bauwerk

Die Themen dieses Buches sind: Die Wiederherstellung der Dienste in der Gemeinde, Der neue Wein, Die Hütte Davids – ein Vor-Bild für die Gemeinde Jesu, Prophetischer Lobpreis in der Hütte Davids, Wahrer Lobpreis und wahre Anbetung, Freiheit vom Gesetz.

Paperback, 88 Seiten, Best.-Nr. BU84-9; 12,80 DM

FRANCOIS BOTES

Hart aber herzlich – Wie Gott diese Generation erreichen will

Gott sendet uns sein Bestes in dieser Zeit – den Geist des Propheten Elia. Dieser Geist ist nicht nur ein sehr großer »Pharisäer-Irritator«, sondern auch der Geist der Freude und der Freiheit. Er ist der Freund des Bräutigams JESUS und will durch uns diese Generation zur größten und herrlichsten Party einladen, die es je gab – denn die wahre LOVE-Parade führt zum Hochzeitsfest des Lammes. Gott will uns unsere Emotionen zurückgeben und uns zur Freude befreien!

Paperback, 56 Seiten, Best.-Nr. BU82-2; 9,80 DM

JESUS!GemeindeVerlag
Braasstraße 30, D - 31737 Rinteln
Tel. 0 57 51 / 97 17 10, Fax 0 57 51 / 97 17 17
email: verlag@jesusgemeinde.de